事例から学ぶ サービスサイエンス

サービス価値計測手法
−10の実例−

木下栄蔵 著

近代科学社

◆ 読者の皆さまへ ◆

　小社の出版物をご愛読くださいまして，まことに有り難うございます．

　おかげさまで，(株)近代科学社は 1959 年の創立以来，2009 年をもって 50 周年を迎えることができました．これも，ひとえに皆さまの温かいご支援の賜物と存じ，衷心より御礼申し上げます．

　この機に小社では，全出版物に対して UD（ユニバーサル・デザイン）を基本コンセプトに掲げ，そのユーザビリティ性の追究を徹底してまいる所存でおります．

　本書を通じまして何かお気づきの事柄がございましたら，ぜひ以下の「お問合せ先」までご一報くださいますようお願い致します．

　お問合せ先：reader@kindaikagaku.co.jp

　なお，本書の制作には，以下の者が各プロセスに関与いたしました：
・企画：小山 透
・編集：小山 透，高山哲司
・制作：藤原印刷
・印刷：藤原印刷
・製本：藤原印刷
・資材管理：藤原印刷
・カバー・表紙デザイン：川崎デザインスタジオ
・広報宣伝・営業：森田 忠，山口幸治，冨髙琢磨

・本書の複製権・翻訳権・譲渡権は株式会社近代科学社が保有します．
・ JCOPY 〈(社)出版者著作権管理機構 委託出版物〉
　本書の無断複写は著作権法上での例外を除き禁じられています．
　複写される場合は，そのつど事前に(社)出版者著作権管理機構
　（電話 03-3513-6969，FAX 03-3513-6979，e-mail: info@jcopy.or.jp）の
　許諾を得てください．

まえがき

　21世紀に入り，ますます混迷を深める現代社会において，インターネットの進歩によってもたらされている「IT革命」，「情報公開」が，ビジネスの世界だけでなく身の周りの生活にまで浸透しつつあり，まさに情報化の時代へ突き進んでいる．そのため従来の考え方では時々刻々と変わりゆく時代の流れについていけず，国際化の波に乗り遅れることは必至である．いままさに「パラダイムシフト」が必要になってきている．それは，1990年からの「失われた15年」を総括し，それ以前のパラダイムから新しいパラダイムを創造することを意味する．そして，このとき必要な考え方が「サービスサイエンス」という概念である．

　21世紀の初頭において，日本は第4の国難に遭遇している．それは，新しいネットワーク社会に伴うパラダイムシフトを成し遂げなければならないという大きな課題である．ところで，日本はこのようなパラダイムシフトを過去3度経験した：一つは戦国時代から徳川幕府成立まで，もう一つは幕末維新，三つ目は太平洋戦争の終戦時である．しかし，今回の国難が以前の3回と大きく異なるのは，高度なコンピュータ社会と地球規模のグローバリゼーションの中で起こっている点である．しかも，これまでの日本には「サービスサイエンス」という概念がなかったのである．したがって今，「サービスサイエンス」が必要なのである．

　ところで，「サービスサイエンス」とはどのようなコンセプトなのか，すこしこの概念を説明しよう．

　米国およびヨーロッパの大学では，サービスをサイエンスの対象としてとらえ，科学的手法を用いてサービスの持つ諸問題を解決し，生産性を高め，サービスにおけるイノベーションを実現して経済を活性化しようという新しい動向がある．ここに出現している新しい学問領域（新しいコンセプト）は，"Services

Sciences, Management and Engineering" 略して "Services Sciences"（サービスサイエンス）と呼ばれている．また，ここで言う「サービス」とは，第3次産業に分類されるサービス業のみならず，製造業におけるサービス・ビジネスも含め，提供者と利用者の間で双方向的に行われる経済価値の創造過程のことを指しているのである．

そこで，本書では，まずサービスサイエンスの必要性，サービスサイエンスの科学的アプローチ，サービスサイエンスの課題について説明する．さらに，サービスサイエンスの適用分野として，「行政・教育サービス」，「健康・福祉サービス」，「事業支援サービス」，「生活支援サービス」，「運輸・輸送サービス」，「情報通信サービス」について，具体的実例を紹介する．そして，サービスの価値計測手法として，意思決定手法とAHP手法を紹介する．さらに最後に，意思決定手法によるサービスの価値計測例とAHPによるサービスの価値計測例を紹介する．

本書が，上記のパラダイムシフト達成に向けての一助となることを切に願っている．

本書を刊行する動機は，故亀岡秋男氏（元北陸先端科学技術大学院大学副学長）と日高一義氏（現日本アイ・ビー・エム東京基礎研究所）によって「サービスサイエンス」というコンセプトに関して啓発された所産である．ここに，両氏に深く感謝したい．また，名城大学都市情報学部の公開講座で御講演をいただいた根本良一氏（福島県矢祭町前町長）と荒瀬克己氏（京都市立堀川高校校長）には，それぞれ行政サービスと教育サービスの極意をお教えいただいた．両氏に深く感謝したい．さらに，名城大学都市情報学部ならびに大学院都市情報学研究科の改組を，サービスサイエンスをキーワードとして行った．この際，本学部ならびに本学研究科のスタッフの方々に大変お世話になり，これらの改組も本書を執筆する動機の一つとなった次第である．関係各位のスタッフの方々に深く感謝したい．

最後に，本書の企画から出版に関わる実務にいたるまでお世話になった近代科学社の小山透氏と高山哲司氏に厚く感謝したい．

2009年1月25日
木下栄蔵

目　次

序　章

0.0 本章のランドスケープ……………………………………1
0.1 「サービス」の位置づけ…………………………………1
0.2 「サービスサイエンス」という学問の萌芽……………2
0.3 研究分野の展開と教育へのフィードバック……………5

第1章　サービスサイエンスとは

1.0 本章のランドスケープ……………………………………9
1.1 サービスサイエンスと戦略………………………………9
1.2 サービスサイエンスの必要性……………………………23
1.3 サービスサイエンスの科学的アプローチ………………25
1.4 サービスサイエンスの課題………………………………27

第2章　サービスサイエンスの適用分野

2.0 本章のランドスケープ……………………………………35
2.1 行政サービスの例—福島県矢祭町………………………36
2.2 教育サービスの例—京都市立堀川高校…………………43
2.3 ITサービスの例—IBM……………………………………47
2.4 ホテル・旅館のサービス例—加賀屋……………………51
2.5 運輸サービスの例—クロネコヤマト……………………54

第3章　意思決定手法によるサービスの価値計測例

- 3.0　本章のランドスケープ 57
- 3.1　サービスサイエンスとゲーム理論 57
- 3.2　サービスサイエンスとバトルゲーム 64
- 3.3　サービスサイエンスとランチェスターの法則 72
- 3.4　サービスサイエンスと意思決定基準 79
- 3.5　サービスサイエンスと効用関数 84
- 3.6　サービスサイエンスと線形計画法 89
- 3.7　サービスサイエンスとファジィ積分 93
- 3.8　サービスサイエンスと最適化問題 97
- 3.9　サービスサイエンスとISM 103
- 3.10　サービスサイエンスとDEMATEL 107

第4章　AHPによるサービスの価値計測例

- 4.0　本章のランドスケープ 119
- 4.1　サービスサイエンスとAHP 119
- 4.2　サービスサイエンスと集団AHP 129
- 4.3　サービスサイエンスと費用/便益分析 134
- 4.4　サービスサイエンスと内部従属法（その1） 139
- 4.5　サービスサイエンスと内部従属法（その2） 144
- 4.6　サービスサイエンスと外部従属法 149
- 4.7　サービスサイエンスと絶対評価法 153
- 4.8　サービスサイエンスと線形計画法 157
- 4.9　サービスサイエンスと不完全AHP 161
- 4.10　サービスサイエンスとANP 166

参考文献 171
索　引 173

序章

0.0 本章のランドスケープ

　本書の本文に入る前に,「サービス」というものについての基本的な考え方,「サービス」を学術的にとらえることとした経緯,そして「サービスサイエンス」に関する教育・研究の今後の展望について述べておきたい.

0.1 「サービス」の位置づけ

　1970年代からアメリカでは,通常の財と比べてサービスの異質性が意識され,それを適切に定義する概念が絶えず生まれ,また修正され続けてきた.最大公約数的にその異質性に対する議論をまとめれば,以下のようになろう:

　サービスは物質としての特性を持たず,即時的(すなわち生産と同時)に消費され,価値の蓄積機能を持たない.また,物的財の価値がそれ自体に内在されるのに比べ,サービスの経済的価値は二つ以上の事・物・人の関係から生じる.そのため,消費者と生産者の任意の組合せ,あるいは周囲の環境によってその質は絶えず変動し,同じ水準を保てるとは限らない.さらにサービスは,その対象自身が持つ単独の消費価値よりも他の財・サービスの消費価値を間接的に高めるという,補完財としての機能が主要である場合も少なくない.

　したがって,これらの側面・性質により,サービスを科学すると言っても一筋縄ではいかないのが現状である.特に,活動全体を包括的に定量化し,客観的に評価することが最も難しい点である.これまで我々の得意としてきた分野には,おおむね官のサービス・重厚長大的なインフラ整備計画に由来するもの

が多く，情報数理的にモデル化可能な都合のよい部分だけを切り取って問題を解決してきた感がある．今後は特に民のサービスに関して，対象物の関係から生じる価値を，定義・測定・評価・モデル化・再現・最適状態探索・政策立案・管理計画していくことが，あらゆる人文・社会科学にとって共通の重要課題となるであろう．サービスという活動の総合的で複雑な特性を考えるに，数理モデル化が難しい対象物や事象に関しても定式化を行う手段を提供し，客観的に議論する枠組みを与えることが必要とされるのである．

また，その新たな知識の体系化を図る際には，経済学や心理学など，人文・社会科学の諸分野が司る役割が大きいものと予想される．事実，『科学技術基本計画』(2006 年 3 月，文部科学省) には，

> 「国際的に生産性が劣化しているサービス分野では科学技術によるイノベーションが国際競争力の向上に資する余地が大きいほか，科学技術の活用に関わる人文・社会科学の優れた成果は製造業等の高付加価値化に寄与することが期待されていることから，イノベーション促進に必要な人文・社会科学の振興と自然科学との知の統合に配慮する」

と記され，今後の日本の科学技術政策の中心的理念として位置づけられている．

0.2 「サービスサイエンス」という学問の萌芽

「サービス」という新たな知識体系を生み出す試みは，IBM のアルマデン研究所で提唱された概念に端を発し，これは SSME (Services Sciences, Management and Engineering) と呼ばれている．この SSME は，

① サービスに関するデータと情報を調査・研究 (Service Research) し，
② この成果をサービスに関する知識として蓄積 (Science) し，
③ この知識を価値として抽出 (Engineering) し，
④ 以上の過程を管理 (Management) する

ということを意味している．

IBM は情報産業においては既に老舗の格であるが，経営戦略の歴史的経緯としては，大型計算機から PC, ThinkPad を機軸とするノート PC, ネットワーク

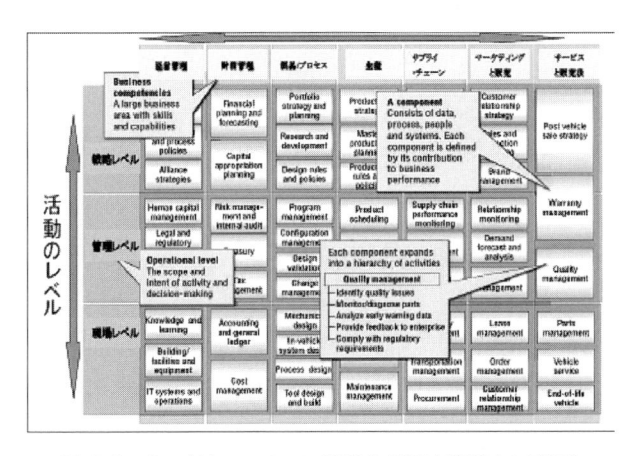

図 0.1 Car Warranty の CBM（IBM 資料より引用）

環境設計，コンサルティング業務へと，その重心を移行させてきている．また，世界の主要な IT ベンダー各社における IBM の売上構成比をソフトパッケージとサービスとに分けてみると，90 年代の後半から，後者の売上が前者を遥かに上回っていることが IBM により報告されている．多種多様に及ぶ業務範囲の拡大の中で，同社では提供するサービスのメニューを合わせて勘案したソリューション・ソフト，ハード環境を開発する必要性に迫られ，クライアントのニーズの把握や経営効率の改善を図るために，このコンセプトが必要であることを得心したものと考えられる．

　従来，業務部門・部署を基本単位として業務の遂行プロセスをマッピングしたものが業務効率の把握手法として支配的であった．しかし，この手法では異なる部署において同様な業務を行っていてもそれが判別されにくく，作業工程も分断されるため，改善されにくいというデメリットがあった．これに対し，近年 IBM の提唱するサービスサイエンス的戦略として，図 0.1 に示すような CBM（Component Business Model）と呼称される手法が中核として位置づけられている．ここでは，ビジネスプロセスがアクティビティベースでコンポーネント化され，それら各モジュールの因果関係がオーバラップした階層レイヤーにて描写されている．

　この概念は，2004 年 12 月に公開された米国のレポート『パルミザーノレポート』に記されており，

(1) サービス分野の人材育成
(2) サービス分野の投資
(3) サービス分野のプラットフォーム

の3つのステージからサービスイノベーション戦略の重要性を説いている．

その背景には，サービス経済の2つの発達がある．1つはサービス産業の発展である．具体的には20世紀後半から21世紀にかけての産業別労働人口のうち，サービス産業に関係する労働人口の飛躍的増加がある．また，GDPに占めるサービス業の割合の飛躍的増加もある．2つ目は，製造業におけるサービス業の発達が挙げられる．すなわち，製造業において「物だけを製造・供給する」時代から「物に伴った付加価値を提供する」時代を経て，「サービス産業戦略を推進する」時代へと変遷する傾向がある．

以上のように，21世紀に入ってサービス経済が急速に発達していることが新しい戦略，新しいビジネスを生んでいると言える．このような背景を受け，米国のカリフォルニア大学バークレー校オペレーションズ・リサーチ・マネジメント・サイエンス学部では，独自のカリキュラムを作成して実践している．さらに，米国のノースキャロライナ大学はサービス・サイエンス・プログラムを発表している．一方，日本においても北陸先端科学技術大学院大学（JAIST）は，すでにサービスサイエンス論を新設して実施している．さらに東京大学，一橋大学，筑波大学など，先進的ないくつかの大学で同様の試みがなされている．

ところで，著者が所属する名城大学・都市情報学部では，次のような発想で学部の改革に取り組んでいる：個人であれ組織であれ，この世界で活動する主体にとって，自らを変革する力をもつことが生存のための必須条件であることは，歴史的・社会学的・生物学的，そしてビジネス上の観察からも明らかである．では，自身を変革，すなわち今日的な言葉で言うところの「イノベーション」するための大きな方向付けを与えるものは何か．――この問いに対する答えの1つが，「サービスを科学すること――サービスサイエンス」を今後の都市情報学の1つの機軸とするということである．

したがって，IBMでは経営上の動機によって専攻分野が民であったが，我々の提唱するサービスサイエンスでは官のサービスも重要な対象となりうる．ま

た，我々のサービスサイエンス教育・研究では，サービスや製品を提供・受容する人間の機能（欲求と行動の動機）を解明するために，人間の日常における行動のみならず，サービスや製品の使われ方にかかわる現象，その要因の知識化，その評価・再適用などを循環的に行う．そして，これを効果的に遂行するために，サービスや製品が使われる実環境フィールドにおける教育・研究だけでなく，それを可能にする産官学の連携体制を確立するとともに，種々の方法論を構築する．ここでは，人間生活や社会のモデル化，およびデータ検索や評価・分析等の情報基盤や技術基盤の開発を同時並行的かつ分野横断的に行い，新たな価値（サービス）を創出することのできる人材を育成しようとするものである．

0.3 研究分野の展開と教育へのフィードバック

先鋭的な米国では，既に IBM を中心とした大学への働きかけにより，新学科の創設・カリキュラムへのフィードバックが進められている．2003 年にカリフォルニア大学バークレー校との共同研究会が発足し，以降サービスサイエンスに関する会議が幾度となく開催され，マサチューセッツ工科大学，スタンフォード大学，ノースウェスタン大学などを筆頭に，35 もの大学と共同に研修会や開発業務に取り組んでいる．カリフォルニア大学バークレー校においては既に修士課程としてサービスサイエンスの名を冠したコースを設立する動きがあり，また，中国やインドにおいても，関連した科目を含むカリキュラムを導入しようとしている．

2008 年 4 月，名城大学（都市情報学部および大学院都市情報学研究科）においてもサービスサイエンスを遂行する本格的な教育課程の作成と実行に乗り出した．具体的には，日本アイ・ビー・エムやトヨタなどの民間企業，並びに，岐阜県庁や可児市役所等の地元自治体と連携し，製造業での生産性向上のノウハウを民および官のサービスの評価・分析手法，デザイン・設計に応用する．そこではサービスを分析し，問題を発掘し，科学的に評価し，その改善を提案できる人材作りを理想としている．

また，サービスをソフト面とハード面の両面に分け，様々な人文・社会科学において蓄積されてきた知見を首尾よく理解させていく工夫を施す．前者は，制度改革やシステム管理などに関わるサービスが主であり，これには環境保全

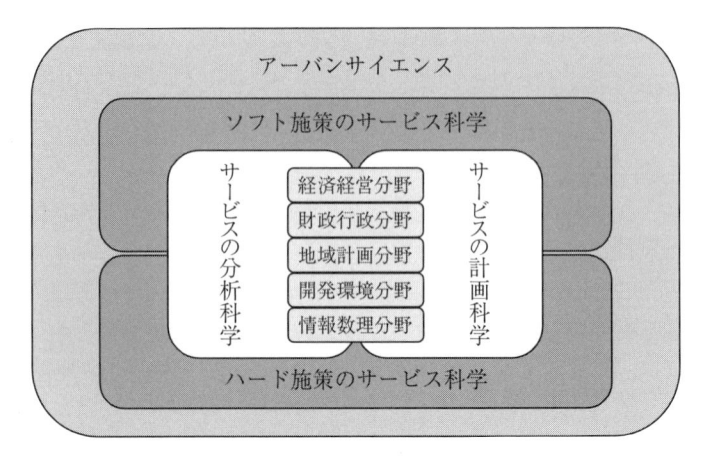

図 0.2 名城大学都市情報学部および大学院都市情報学研究科の新しいコンセプト

のための規制，老人福祉のための介護サービス，資産形成のための金融サービスなどが含まれる．これに対して，後者はハード面の開発を伴う地域開発やシステム構築などにかかわるサービスを意味し，主に都市空間における施設配置，地域産業のための物流サービス構築などを指す．

一方，これらのサービスを扱う学術的視点を分析的アプローチと計画的アプローチに分ける．前者はサービスレベルの分析や評価にかかわるアプローチであり，より理系オリエントな知識・技術の習得を要する．後者は今後のあるべきサービスの立案や運営にかかわるアプローチを意味し，より人文系オリエントなスキルの獲得が要請される．

我々のサービスサイエンス・プロジェクトは，以上のソフト・ハード・分析・計画の4つの観点から，サービスのあらゆる分野に関して横断的に，かつ地域ニーズに合ったサービス設計のあり方を研究し，また教育メニューとして還元を目指すものである（図 **0.2**）．

ところで，本書は，名城大学都市情報学部と名城大学大学院都市情報学研究科で実践に移している「サービスサイエンス」の考え方を広く啓蒙し理解していただくことを通じ，我が国での「サービスサイエンス」の学術的な定着・活性化，ならびに人材育成を図ることを目的としている．

最後に，本書の構成（第1章から第4章）を示しておこう：

本書の前半の部分である『第1章 サービスサイエンスとは』と『第2章 サービスサイエンスの適用分野』では，サービスサイエンスの基本概念，およびサービスサイエンスの適用分野について具体例を交えながら解説している．また，後半の『第3章 意思決定手法によるサービスの価値計測例』と『第4章 AHPによるサービスの価値計測例』では，それぞれマネジメントサイエンス（経営戦略におけるマネジメント手法）で使われている種々の意思決定手法（第3章）とサービス財の計測に特に適しているAHP（第4章）により，色々なサービス財の価値計測例を紹介している．

本書が，一人でも多くの読者に「イノベーション」をかき立てる一助となることを願っている．

第1章　サービスサイエンスとは

1.0　本章のランドスケープ

　ここでは,「サービス」というものの本質的な意味の理解を固めていただくために，いくつかの例を通して解説する．次に，その科学的なアプローチの主要な手法について述べ，さらには，現在かかえている，いくつかの課題について検討することにする．

1.1　サービスサイエンスと戦略

　イソップの寓話の中に有名な『アリとキリギリス』の話が出てくる．この話では，アリは善人でコツコツと働き，まじめな努力家として描かれている．一方，キリギリスは悪人でふまじめななまけ者として描かれている．ところで，この寓話に登場する主人公『アリとキリギリス』こそ，まさに21世紀の日本の方向を定める際の重要なキーワードになるのである．

　日本は1941年から1945年までの間，第2次世界大戦（すなわち第1次日米太平洋戦争）を戦い，敗れた．広島と長崎に2発の原爆を落とされるなど，日本のほとんどが焼土と化し，無からの復興に努力したのである．その結果，1945年から1990年までの間，世界の工場として活躍し，米ソ対立・朝鮮戦争特需・ベトナム戦争特需等々，いろいろな幸運（神風）に恵まれたことがあったが，基本的には日本の国家戦略が成功した証であると言える．

　それは，マルクス-レーニン型社会主義か日本型社会主義か米国型資本主義かの意思決定問題であった．そして，日本は国民の空気により日本型社会主義を選択したのである．マルクス-レーニン型社会主義も米国型資本主義も否定し，日本型社会主義を選択した英知は素晴らしいものであった．そのことは，何を

意味しているかというと，冒頭に挙げた例にたとえれば，その当時の日本人は，「キリギリス」ではなく「アリ」になることを決意したことにほかならない．それも，「日本型アリ」になることを志向して成功したのである．日本型アリとは，強大な権力を持つ指導者（例えばスターリンや毛沢東）の下での盲目的なアリではなく，自分の頭で考える自主的なアリのことを指している．

しかしながら，このようにして資本を築き上げてきた日本型アリは，1990年代から始まった第2次日米太平洋戦争（日米金融経済戦争）に敗れ，『失われた15年』を経験した．真面目な努力家（アリの良い習性ではあったが）であるアリには，

「**戦略**」（合理的意思決定）

という考え方を持つことが思いもつかなかったからである．このとき，米国発「戦略」のキーワードである「規制緩和」「IT 革命」が怒濤のように情報メディア（マスコミ）を通じて流れ込んできた．「規制緩和・IT 革命様，そこのけそこのけお馬が通る」という大義名分のもと，日本型アリは，まるでかつての成功を記憶喪失にでもあったように忘却のかなたに置き去りにしてしまったのである．

このような「規制緩和」「IT 革命」様がお通りになるとどのような社会になるかを著者なりに推察すると，以下の4点にまとめられる：

(1) 勝ち組と負け組に分かれ中間層がなくなる．かつての日本型社会主義（ソ連の最初で最後の大統領ゴルバチョフも絶賛した）が創出した一億総中産階級は消失する．
(2) 中間管理職が消失する．部下の情報をたばね，整理し，上司（意思決定者）に伝える重要な情報キーステーションが消失する．つまり，リストラはますます進行する．
(3) ムダが省かれる．たとえば，流通機構が簡素化され，在庫調整が進む．つまり，雇用機会が減少する．
(4) 情報力優位の社会が創出される．すなわち，アイデアが勝負になり，アイデアを持つ人間と，アイデアを持たない人間との間に大きな貧富の差が生じる．このことが社会的に見て「公正」なのかどうかを検討する必

要に迫られる．

　以上4点が著者の結論である．この内容は，必ずしも悪い面だけでなく，良い面もたくさんある．功罪半ばというところであろうか．ところが，もっと重要なことは，良い悪いは別にして，「規制緩和」「IT革命」は，不可逆的な方向に前進しているという現状である．すでに，避けて通れない局面に来ている以上，すなおに受け入れるしか道はないのである．日本型アリは，努力を美徳とするよりも独創力に優れたキリギリスに変身する以外に生き残れないのである．しかし，ここでも2種類のキリギリスが存在することに気づかなければならない．それは，米国型キリギリスと日本型キリギリスの存在である．米国型キリギリスとは，製造業を放棄して金融商品でかせぐやり方である．一方，日本型キリギリスとは，製造業に軸足を置き，IT革命・規制緩和を巧みに取り入れるやり方である．それを著者は，「米国型資本主義」と「日本型資本主義」と呼ぶことにしている．

　したがって，今まさに大きな意思決定を迫られていると言える．すなわち，日本型アリ（日本型社会主義）を継続するか，米国型キリギリス（米国型資本主義）に変身するか，日本型キリギリス（日本型資本主義）に変化するかという意思決定である．このとき，60年ほど前に「日本型アリ（日本型社会主義）」を選択したときのように，国民の空気で意思決定してはならないのである（実質的に意思決定者は不在であった）．60年ほど前は，たまたま国民の空気が最適な方向を選択したが，結果は良くても意思決定者不在のツケは大きく，半世紀以上を経てそのツケが回ってきたのである．やはり，「戦略的意思決定」というコンセプトは重要なキーワードである．

　石原慎太郎氏も指摘されているように，トインビーというイギリスの有名な歴史学者の『歴史の研究』（長谷川松治訳，社会思想社，1975）という本のなかの一節で

　　「すべての国家社会は衰退するが，その原因は必ずしも不可逆的なものではない．しかし一番致命的な要因は，国家が自己決定できなくなることだ」

と明言している．すなわち，国家や社会が自己決定（戦略的意思決定）をすることがいかに重要であるかがわかる．

　ところで，我々が戦略を練る場合，まず対象とする問題を記述しなければならな

い．すなわち，現況分析なのであるが，現在どのような**コンフリクト**（conflict，闘争/軋轢/葛藤）や**ジレンマ**（dilemma，板ばさみ/窮地）があり，問題点はどこにあるのか等々を記述できなければならない．このようなときに有効な手法の1つが**ゲーム理論**（game theory）であり，それによって生成されたものは「問題記述型現況分析モデル」と言える．このモデルにより，コンフリクト–ジレンマを詳細に記述することができ，これらのパターン化も可能となる．

次に，我々が戦略を練る場合，対象とする問題を解決しなければならない．すなわち，コンフリクト–ジレンマ解消への戦略が必要になる．この戦略には，コンフリクト–ジレンマ解消の社会的意義（必要性），すなわち，社会的合意形成（集団意思決定）が不可欠になる．すなわち，互いに利害を異にする複数の立場の人々を1つの戦略（方略）に調整しなければならない．このようなときに有効な手法が**AHP**であり，それによって生成されたものは「問題解決型合意形成モデル」と言える．このモデルによりコンフリクト–ジレンマを解消することができ，それらのシナリオ化もできるのである．

ところで，ゲーム理論とAHPは共に人間の行動原理に基づいて作られた考え方であるが，人間の行動原理は次の2つのパターンがあると思われる：1つは「自己の損失を最小にする」という行動（思考）パターンであり，もう1つは「対象とする複数の問題は，どちらが重要か」という行動（思考）パターンである．前者の考え方に基づいて作られたモデルがゲーム理論であり，後者の考え方に基づいて作られたモデルがAHPである．

したがって，ゲーム理論とAHPは互いに補完し合う関係にあり，様々な問題に対して適切に活用することで，有用な解決策を見出すことが可能である（図**1.1**参照）．

なお，この考え方は，サービスサイエンス社会（現在の日本はサービスサイエンス社会になりつつある）における決め方に適用できる．著者は，サービスサイエンス社会における合意形成パターンは，図**1.2**に示した2つの方略であると主張してきた：

1つは完全情報化への方略であり，誤解・意思疎通欠如・意思共有欠如の解消を主眼とした合意形成（パターンⅠ）である．もう1つはコンフリクト–ジレンマ解消への方略であり，わがまま・利己心・自己の損失最小の解消を主眼とした合意形成（パターンⅡ）である．ここで，より重要なのは，後者の合意形

```
┌──────────────┐              ┌──────────────┐
│  ゲーム理論   │              │    AHP       │
└──────┬───────┘              └──────┬───────┘
   戦略パターンⅡ                戦略パターンⅠ
       │                              │
       ▼                              ▼
┌──────────────┐              ┌──────────────┐
│  問題記述型   │◄────────────►│  問題解決型   │
│ 現況分析モデル │              │ 合意形成モデル │
└──────┬───────┘              └──────┬───────┘
   行動パターンⅡ                行動パターンⅠ
       │                              │
       ▼                              ▼
┌──────────────┐              ┌──────────────┐
│  自己の損失を │◄────────────►│   どちらが    │
│  最小にする   │              │  重要な問題か  │
└──────────────┘              └──────────────┘
```

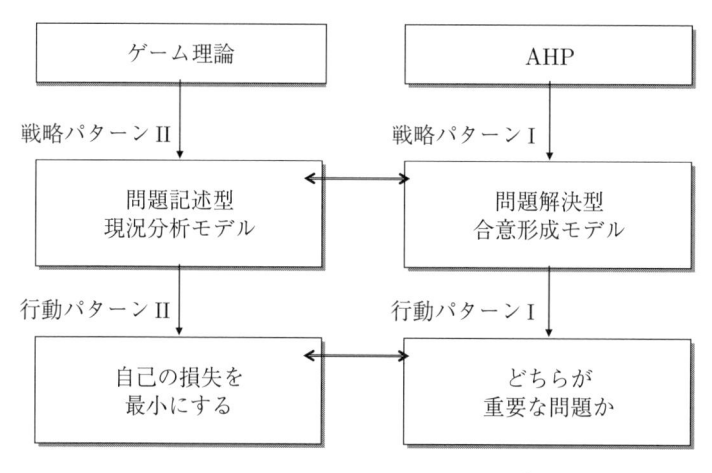

図 1.1　ゲーム理論と AHP

成(パターンⅡ)であり,ゲーム理論と AHP の考え方が,サービスサイエンス社会における決め方にも大きく影響していることがわかるであろう.

これら 2 つの考え方(ゲーム理論と AHP の考え方)に基づき,平成大不況期の日本経済の実態を(損失最小という行動原理に従って)記述し,(どちらの問題が重要かという行動原理に従って)解決策を提示したのが,次に説明する日本経済の例である:

かつて小泉内閣の下,骨太の方針『聖域なき構造改革』が行われようとした.著者は,この改革には全面的に賛成であり,将来の日本の「あり方」を見定めて,戦略的に新しい日本を作り上げていくべきことであると常日頃から主張している.特に,規制緩和・不良債権処理・財政再建は重要であり,全面的に賛意を表明している.

しかし,これらの『聖域なき構造改革』(将来の日本の姿を戦略的に描くことの必要性)の前に,日本経済の戦後処理(バブル崩壊後の後遺症への治療)を済ませておかなくてはならない.バブル崩壊後の後遺症を治療せずして,性急な『聖域なき構造改革』を断行した場合,日本の『失われた 15 年』は,これから先,日本発世界大恐慌に陥る可能性が大きいと考えられるからである.

そうならないためには,まず,平成大不況期の日本経済の閉塞感はどこから

```
                    ┌─────────────┐
                    │  問題の分析  │   合意形成の必要性
                    └──────┬──────┘
                           │
                           ▼
                       ◇ 完全情報か ◇ ──不完全情報──▶ ┌──────────┐
                         不完全情報か                  │ 完全情報化へ │
                       ◇          ◇                   └──────────┘
                           │
                           │        合意形成パターンⅠ（不完全情報の解消）
                           ▼
完全情報化における合意形成の必要性

┌──────────────────┐    誤解
│ コンフリクト-ジレンマの存在 │   意思疎通欠如  ⇒  解消
└──────────┬───────┘    意思共有欠如
           │
           ▼
┌──────────────────┐
│ コンフリクト-ジレンマの現況 │
└──────────┬───────┘
           │
           ▼
コンフリクト記述型現況分析モデルにおける
コンフリクト-ジレンマのパターン化（例　ゲームの理論）

┌──────────────────┐
│ コンフリクト-ジレンマ   │
│ 解消の社会的意義（必要性）│
└──────────┬───────┘
           │        合意形成パターンⅡ（コンフリクト-ジレンマ解消）
           ▼
┌──────────────────┐    わがまま
│ コンフリクト-ジレンマ   │   利己心     ⇒  解消
│ 解消への方略        │   自己の損失最小
└──────────────────┘
```

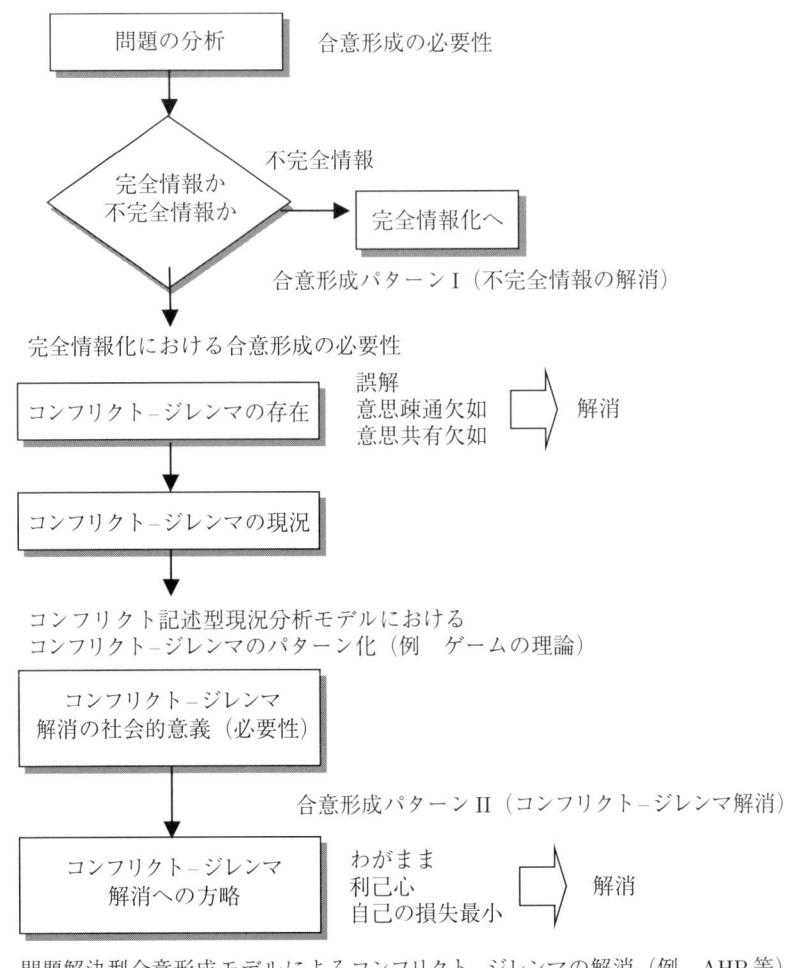

問題解決型合意形成モデルによるコンフリクト-ジレンマの解消（例　AHP等）

図 1.2　サービスサイエンス社会における 2 つの合意形成パターン

きたのかという点を明確にしておかなくてはならない．

　1989 年 12 月 29 日，日本の株価（日経ダウ平均）は約 39,000 円に達し，バブルの頂点を極めた．その後，バブルは崩壊し，2003 年に入り，日経ダウ平均は 7000 円台まで値を崩した．その結果，銀行をはじめとする不良債権の額は増える一方であった．すなわち，バランスシート不況（デフレ不況）の傷跡は深

く，マクロ経済的には金融不況（不動産不況）が続き，設備投資・個人消費・GDPが伸びないという結果になった．またミクロ経済的には，残業時間が減ることにより可処分所得が減り，管理職ポストさらに雇用全体の削減へと進展している．リストラという言葉が日常茶飯事に使われるまでになった．このことは，従来までの終身雇用制度・年功序列制度に支えられてきた会社本位主義を読み替える時期が来ていることを示している．すなわち，"良き会社人"であることよりも"良き社会人"であることを問われ，量的発想から質的発想に転換し，生活大国（消費者主体）へと目を向けるべきことを示唆している．

以上の議論から，我々はいくつかの失敗を経験することで大きな教訓を学んだのである：1つは，第2次世界大戦以降の右肩上がりの直線成長（経済のパイは拡大し，株や土地は上昇し続ける．特に土地神話は信仰に近いものがあった）を信じたことが間違いであったことである（著者は，これを回帰分析症候群（regression syndrome）と呼んでいる）．もう1つは，マネーゲームに狂することのむなしさである．このような資金は，広い意味での社会資本整備（ITすなわち情報技術関連も含めて）に投資すべきであったと思われる．

いずれにしても，このバブル崩壊による失われた15年の間に地価の下落は激しく（商業地の資産価格が83％も下がった），株の下落とともにスパイラル状に資産価値を減らした．その結果，近代史が4回しか経験（オランダ，イギリス，アメリカ，平成大不況の日本）したことのない『バランスシート不況』に陥った．

このことにより，多くの企業が債務過剰，場合によっては債務超過になった．つまり，多くの企業が多くの債務（借金）をかかえるようになり，その債務（借金）を減らすように行動したのである．

したがって，日本の多くの企業の行動パターンがバブル期（行動パターンI）とバブル崩壊期（行動パターンII）では，以下のように大きく変化したのである：

行動パターンI
各企業は，自社の利益（利潤）を最大にするように行動する．

行動パターンII
各企業は，自社の債務（借金）を最小にするように行動する．

以上示した行動パターンの変化は，大変重要なことである．なぜなら，マックスウェーバーが指摘しているように，企業の「行動パターンI」こそ，資本主義の精神そのものだからである．

しかし，同時に，企業の「行動パターンII」も，"損失を最小にする"というのは，人間の行動パターンとしては，実に合理的な行動様式なのである．

企業の「行動パターンI」が如実に現れたバブルのピーク時（1989年〜1990年にかけ），米国の企業の設備投資の総額を，日本の企業の設備投資の総額がかなり上回った．国内総生産（GDP）が米国の約1/2である日本にとって，この設備投資額は大変な数字であると言える．

一方，バブル崩壊後の日本の企業においては，「行動パターンII」が如実に現れたのである．その結果，企業は収益（利益）を設備投資に回さずに，借金返済に回したのである．

実は『失われた15年』の間，多くの企業の設備投資の額が急激に減っていることで，これらの行動パターンの変化（「行動パターンI」から「行動パターンII」への企業の行動戦略の変更）が読みとれるのである．

このことは，今の日本の経済状況を説明するのに，非常に重要な要素であることを確認したい（理由は後で詳しく説明する）．

ところで，企業だけでなく各個人もバブル崩壊後，株式の含み損や住宅ローンの債務で借金をかかえるようになり，その債務（借金）を減らすように行動したのである．

したがって，日本の多くの国民の行動パターンがバブル期（行動パターンI）とバブル崩壊期（行動パターンII）では，以下のように大きく変化したのである：

行動パターンI
各個人（消費者）は，自らの効用（utility）を最大にするように消費行動をする．

行動パターンII
各個人（消費者）は，自らの債務（借金）を最小にするように行動するか，バランスシート不況を肌で感じとり（社会不安という心理はこのことを指している），消費をてびかえる．

以上示した行動パターンの変化は，大変重要なことなのである．なぜなら，す

でに前述したとおり，マックスウェーバーの指摘—消費者の「行動パターンI」こそ，資本主義の精神そのものだからである．

しかし，同時に，消費者の「行動パターンII」も，"損失を最小にする" というのは，人間の行動パターンとしては，やはり実に合理的な行動様式なのである．

実は『失われた15年』の間，消費者の消費額が増えてはいないことで，これらの行動パターンの変化（「行動パターンI」から「行動パターンII」への消費者の行動戦略の変更）が読みとれる．なぜなら，個人の金融資産の総額が現在1400兆円もあるのにもかかわらず，消費額が増えていないのは，明らかに，消費者の行動パターン（消費行動）に変化があったと考えられるからである．

以上の結果，企業と消費者の行動パターンが，この15年の間に変化したことがわかる．すなわち，企業と消費者がともに，"賢明な学習の結果"，それぞれ「行動パターンI」から「行動パターンII」に戦略を変化させたのである．このことにより，以下に示す2つのことが日本経済の中で起こった：

ポイントI
消費者による総消費額（C）は増えなかった． ……C は一定

ポイントII
企業による総設備投資額（I）は減ってしまった．……I は減少

ポイントIとポイントIIにより，国民全体の総消費額（Y）は減ってしまったのである．経済学によれば，国民の総消費額（$C+I$）は有効需要であり国民生産に等しくなる．またそれは，国民所得（GDPに等しくなるはずである）でもある．

すなわち，有効需要の原理を経済学的に式で表せば，

$$\underset{\text{(国民所得)}}{Y} = \underset{\text{(消費：増えなかった)}}{C} + \underset{\text{(投資：減ってしまった)}}{I}$$

となり，Y すなわち国民所得は減ることになる．これは，非常に困ることになる．なぜなら，国民所得 Y が減ると，次の消費額 C に影響するからである．

このことを次のような例で示すことにする．たとえば，1単位（1兆円でもよい）の設備投資が減ると，国民所得（Y）は1単位だけ減るであろうか？ 答えは，それだけではすまない，というのが正解である．国民所得（Y）が1単位減

れば，消費関数（囲み記事参照）によって消費（C）も 0.8 単位減る（ただし，$C = 0.8Y$ と仮定する）．

消費関数

> 消費関数　$\underset{\text{(消費)}}{C} = \underset{\text{(係数)}}{a}\underset{\text{(国民所得)}}{Y}$
>
> この例の場合，係数 a を 0.8 と仮定すると消費関数は $C = 0.8Y$ となる．ところで，消費関数とは，消費は所得に比例するという考えで，消費と所得との関係を式で表した（消費関数）ものである．たとえば，所得が増えれば，それに見合って消費も増える．逆に，所得が減れば，それに見合って消費も減る．この例の場合，1 単位所得が増えたり減ったりすれば，0.8 単位消費が増えたり減ったりすることになる．

そうなると，

$$Y = C + I$$

により，Y はさらに 0.8 単位減る．Y が 0.8 単位減れば，消費係数によって，C はさらに 0.64（0.8^2）単位減る．C が 0.64 単位減れば，Y は有効需要の原理

$$Y = C + I$$

により，さらに 0.64 単位減る．

Y が 0.64 単位減れば，消費関数によって，さらに，0.512 単位減る．以下同様に，無限地獄に陥っていくことになる．

これら一連の無限地獄の様子は，次のような式（無限等比級数）によって示すことができる：

問題
1 単位の設備投資が減れば，国民所得（GDP）はいくら減るであろうか？

解答
次に示すような無限地獄（数学的には無限等比級数）になる：

$$1 + 0.8 + (0.8)^2 + \cdots + (0.8)^{n-1} + (0.8)^n + \cdots$$
$$= \frac{1}{1-0.8} = \frac{1}{0.2} = 5 \text{ 単位}$$

つまり，たった 1 単位の設備投資の減少が（限界消費性向すなわち所得が 1 単位減った場合，消費の減る割合を 0.8 と仮定した場合），回り回って，もとの 5 倍である 5 単位の国民所得の減少につながるのである．消費が減らずに投資が 1 単位減るだけで，このような「デフレスパイラル」を呈することをよく認識しておくべきである．

しかし，この失われた 15 年の間，国民所得（GDP）が減少しなかった．

なぜか？

賢明な日本政府の「財政出動」により，企業の行動パターンの変化（設備投資の減少化）を補ったのである．

さきほど，国民所得 Y（GDP）は，個人の消費（C）と企業の設備投資（I）の和だと説明した：

$$\underset{\text{(国民所得)}}{Y} = \underset{\text{(消費)}}{C} + \underset{\text{(投資)}}{I}$$

この式における $C+I$ を減らすことは，すでに説明したように無限地獄に陥ることになる．

企業の行動パターンの変化により，設備投資（I）が減少したが，その足りない分，政府が財政出動（G）により補うことにした：

$$\underset{\text{(国民所得)}}{Y} = \underset{\text{(設備投資：減)}}{I} + \underset{\text{(消費：一定)}}{C} + \underset{\text{(財政出動：増)}}{G}$$

その結果，国民所得 Y（GDP）は減少することなく，一定の値を保つことに成功した（少なくとも減少させなかった）．

近代史が過去に 4 回しか経験したことのないバランスシート不況下において，今回の日本政府の政策（財政出動により国民所得 Y を減少させなかったこと）は，歴史的に初めての輝かしい成功例と言える．しかし，大きな問題は，国民もマスコミもすべて成功とは思っていないことなのである．

上記のことをまず，明確に認識しなければならない．そうしないと，1997 年の橋本政権や 2001 年の小泉政権のような同じ誤りを繰り返すことになるであろう．

したがって，消費者や企業（特に企業が重要であるが）が，「行動パターンⅡ」から「行動パターンⅠ」に変化するまで，すなわち消費者は，自らの効用（utility）を最大にするように消費行動をし，各企業は，自社の利益（利潤）を最大にするように行動するまで，政府は財政出動をし続けなければならない．

そして，消費者や企業（特に企業が重要であるが）の行動が「行動パターンⅠ」に変化したとき，かつて小泉内閣が声高に叫び続けた骨太の方針『聖域なき構造改革』を一気に片づけるべきなのである．すなわち，規制緩和・不良債権処理・財政再建の3点セットに果敢に挑戦すべきである．もちろん，政府は財政出動すべきではない．

このとき初めて，消費者や企業（特に企業が重要であるが）が，

　損失を最小にする（ゲーム理論の世界）
　　「問題記述型モデルの世界」

という呪縛から解放されて，

　個人の効用（utility）や企業の利潤を最大にする（AHPの世界：消費や設備投資に優先順位をつける）
　　「問題解決型モデルの世界」

という「資本主義の精神」に立ち戻れるのである．この「資本主義の精神」に必要な戦略こそ"AHPの世界"であり，今後の日本にとって必要な考え方である．

この失われた15年の間，特に企業は萎縮してしまい，"損失を最小にする"という「ゲーム理論の世界」の戦略をとらざるをえなかったのである．しかも，この「ゲーム理論の世界」は非常に重要な戦略であり，企業や個人は何も過ちを犯したわけではない．しかし，誰も過ちを犯していないのに，全企業や国民全員がこのような行動をとると，無限地獄に陥ることはすでに説明したとおりである．このような過ちのことを経済学では，『合成の誤謬』（p.22の囲み記事参照）という．それを救うのが政府の役割であり，「財政出動」もこのときこそ"正しい政策"となる．

一方，個人や企業が萎縮した状態から立ち直り，"個人の効用や企業の利潤を最大にする"という「AHPの世界」の戦略をとり始めたときに，マックス・ウェーバーの言うところの『資本主義の精神』（起業家精神）が芽ばえ始めるの

1945	従来型資本主義の輝かしい成功期 （護送船団方式という戦略） 成長期	行動パターンI
1990	失われた15年 （ゲーム理論という戦略） 修復期	行動パターンII
2005	新資本主義の出発期 （サービスサイエンスという戦略）	行動パターンI

左側：従来型資本主義から新資本主義へ（聖域なき構造改革）　②①の後に早急に行うこと

右側：①早急に行うこと　ゲーム理論からAHPへ

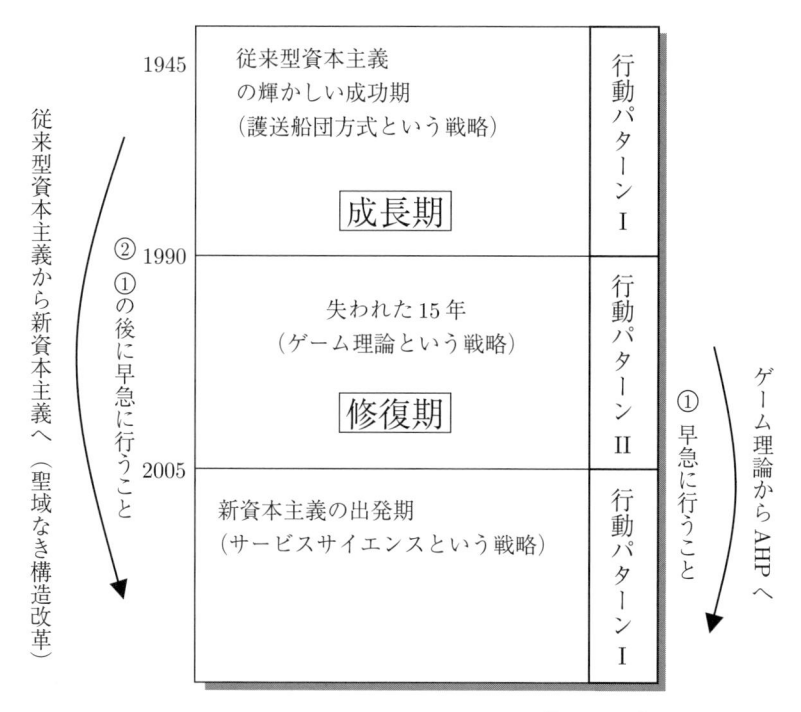

図 1.3　日本が早急に行うべき2つの戦略（順序は①が先で②はその後）

である．

いま我々は，ちょうど，「ゲーム理論の世界」から「AHPの世界」のはざまにいる．

ところで，戦後の日本を3段階に分けて図示すると**図1.3**に示すようになる．この図に示したように，いま必要なのは，2つの戦略であることがわかる：1つは "ゲーム理論の世界からAHPの世界へ" の戦略変更であり，この点については既に詳しく説明した．もう1つは "従来型資本主義から新資本主義への構造改革" の戦略変更である．

そして，本書で紹介するサービスサイエンスの社会こそ，この新資本主義のことなのである．すなわち新資本主義とは，ネットワーク社会に支えられたサービスサイエンスの社会を意味している．このように21世紀のパラダイムはコンピュータネットワークを社会基盤としたサービスサイエンスと言うことができ

合成の誤謬

> ケインズが提唱した"個人を富裕にする貯金は経済全体を貧困にする"を『合成の誤謬』(別名:節倹のパラドックス)と呼ぶ.また,この考えを完成させたのがアローで,『アローのジレンマ』と呼ぶ.例えば,3人が,すし(S)とスパゲティ(P)とラーメン(R)の好みについて,次のような答えを出したとする:
> I … $S > P, P > R \to S > R$
> II … $P > R, R > S \to P > S$
> III … $R > S, S > P \to R > P$
> I, II, III の各個人において(個人の選択),3人とも推移律が成り立つ(合理的である).しかし,全体としては,SとPの選択ではS>P(2人 I, III により),PとRの選択ではP>R(2人 I, II により),RとSの選択ではR>S(2人 II, III により)になり,推移律が成り立たず,循環律になっている.(不合理)

る.この概念は序章でも記したとおり IBM のアルマデン研究所で提唱されたが,その社会的基盤を築いたのは天才ビル・ゲイツである.

表 1.1　20 世紀と 21 世紀におけるパラダイム(著者による提案)

	20 世紀	21 世紀
パラダイム	コンピュータサイエンス	サービスサイエンス
場所	ハンガリー ブタペスト(カフェ ニューヨーク)	アメリカ ニューヨーク(IBM)
キーパーソン	フォン・ノイマン	ビル・ゲイツ
社会	階層社会	ネットワーク社会
資本主義	従来型資本主義	新資本主義

	20 世紀の予言者	21 世紀の予言者
予言者	ニーチェ	トフラー

　ゲイツの築いたウィンドウズ・バージョンにより,コンピュータネットワーク社会ができつつあり,社会全体がサービスサイエンス社会へと邁進するのである.この様子は**表 1.1** に示したとおりである.

　この表で著者が特に主張したいのは,サービスサイエンスという概念が 21 世紀のパラダイムになるということである.

　ところで最後に,従来型資本主義を支えている階層社会と新資本主義(サー

ビスサイエンス社会) を支えているネットワーク社会に関して，著者が提案する公理と定理を示すことにする：

【公理】(階層社会とネットワーク社会に共通に必要な資本主義の精神)
マックス・ウェーバーが唱えた資本主義の精神とは，以下の3点を指す：
  (1) 高度な倫理観 (謹言実直，正直，信用，時は金なり等)
  (2) 目的合理性 (企業は利潤の最大化を求め，消費者は自らの効用を最大にすること)
  (3) 利子を認めること (企業が利潤を求めることを善となすこと)

以上の精神の基に，資本主義は生まれたのである．そして，この資本主義社会において階層社会が作られ，ネットワーク社会が作られつつあるのである．したがって，従来型資本主義も新資本主義も，ともにマックス・ウェーバーが提唱する資本主義の精神が必要なのである．

【定理1】(階層社会における掟)
階層社会では，人々は安定する．そして，この社会に歯向かわなければ幸せになる．そして，出来上がった資本主義が新たな資本家と新たな労働者を拡大再生産させる．しかし，この社会は不自由である．

【定理2】(ネットワーク社会における掟)
ネットワーク社会では素晴らしい自由が得られ，多くの新たなビジネスチャンスにめぐり合える．しかし，いつも資本主義の精神を持ち続けなければ資本主義に適した資本家や労働者は拡大再生産されない．つまり，ネットワーク社会では，資本主義の精神を持ち続けなければ不幸になる．

1.2 サービスサイエンスの必要性

本節では，サービスサイエンスの必要性について著者の意見を述べよう：

(1) 日本はじめ先進諸国においてサービス産業の就業人口が70％，GDPの75％を占めており，2001年以降 (21世紀以降) の経済成長の大部分を担っている．

(2) 国の競争力維持・強化のためにサービスイノベーションが重要である．またBRICs（ブラジル，ロシア，インド，中国），スペイン諸国が，今後サービス産業へと労働人口を移動することを計画している．
(3) 官のサービス（中央政府，地方政府），民のサービス（民間企業が提供するサービス），NPO（大学や病院等）などのサービス（教育サービスや医療サービス等）の効率性，生産性の飛躍的改善が求められている．
(4) 第3次産業（サービス業）の育成だけでなく，第1次産業（農業，漁業）や第2次産業（製造業）のサービスサイエンス化が求められている．

以上，著者が示したサービスサイエンスの必要性を前提にして，本節では，サービスの定義について調査することから始める．
さて，サービスの特徴は，その

「無形性」と「同時性」

にあると言われている．サービスの無形性とは，"物理的な形をとることができないから，見えない，触れない"ということであり，サービスの同時性とは"生産と消費が同時に行われる"ということである．このサービスの「無形性」と「同時性」は，サービスの

「異質性」と「消滅性」

にもつながるのである．すなわち，サービスの異質性とは"サービスの品質に差異が生ずる"ことであり，サービスの消滅性とは，"サービスは在庫できない"ということである．
以上のようなサービスの特徴に鑑み，コトラー他は，それぞれ以下のようにサービスを定義している：

【定義】（コトラー）
サービスとは，他者に対して提供される活動もしくは便益である．本質的に無形で，購入者の所有権を一切もたらさないものである．

【定義】（ローイ）
サービスとは無形であり，サービス提供者と消費者の相互作用を必要とするあらゆる

経済活動である．

【定義】（IBM の SSME）
サービスとは，価値を創造し取得する，提供者と顧客の相互作用である．

【定義】（亀岡秋男）
サービスとは，人や組織がその目的を達成するために必要な活動を支援することである．

さて，最後に紹介した亀岡秋男は，サービスの定義だけでなく，サービスサイエンスが目指す将来への方向性を次のように示している：

(1) サービス業における生産性の向上
(2) サービスの効率を上げる技術の導入
(3) サービスの可視化
(4) サービスイノベーション人材育成
(5) 国際競争力向上

一方，著者である木下は，サービスサイエンスが目指す方向性は，

> サービスの価値計測と価値測定手法の必要性

にある，と主張し，本書の副題として『サービス価値計測手法』を掲げている．そのためには，サービスサイエンスの科学的アプローチとサービスサイエンスの課題を克服する必要がある．これらの内容は次節で詳しく取り上げることとする．

1.3 サービスサイエンスの科学的アプローチ

サービスを科学する『サービスサイエンス』を学問として確立するためには，サービスサイエンスの科学的アプローチが必要である．そこで，以下に，著者のサービスサイエンスに対する視点を示すことにする：

(1) サービスサイエンスとは，サービスの特性・性質の発見と理解から始まる．そして，サービスサイエンスで発見・理解された特性・性質を人間の社会において分解・合成することにより，新しいイノベーションを創造することが必要である．
(2) サービスサイエンスは人と技術の共創から生まれる新たな価値を提供するものであり，(1) で発見された特性・性質を分析・解釈することが必要である．
(3) このようなサービスサイエンスが，人間の社会に定着するためには，サービスオペレーションのための共通言語（数学や概念も含めて）と，社会における共通のプラットフォームが必要である．
(4) サービスサイエンスの適用分野は，官・民・NPO など多岐にわたるので，共通のサービス価値測定手法の確立が必要である．

以上に示した4つの視点を基に，まずサービスの分類を試みてみよう．17世紀において確立された物理学は，「距離」，「速度」，「加速度」の概念の成立によって成熟した．一方，20世紀後半において確立された経済学は「資産」，「所得」，「成長率」の概念の成立によって成熟した．したがって，サービスサイエンスの確立のためには，サービスの分類において，『近代物理学』や『近代経済学』の発展のプロセスを考慮する必要がある．そこで，サービスサイエンスにおけるサービスの分類において

(1) 『ストックサービス』
(2) 『フローサービス』
(3) 『フロー変化率サービス』

という3つのサービスを考えることにする．『ストックサービス』とは社会インフラや情報インフラをはじめ，主に官（行政）のサービスにおけるインフラサービスや制度サービスを指している（物理学における距離の概念あるいは経済学における資産の概念に相当する概念）．また，『フローサービス』とは主に官や民におけるサービス現場におけるサービスを指しており，日常的サービスとも言える（物理学における速度の概念あるいは，経済学における所得の概念

表 1.2 サービスの分類（著者による提案）

数学	物理学	経済学	サービス・サイエンス	サービスの例	サービスの価値測定の視点
もとの変数	距離	資産（ストック）	ストックサービス	行政サービス 社会保障制度 社会インフラ 情報インフラ	ストックサービスの価値測定 時間軸に積分：たとえば費用/便益分析
時間で1回微分	速度	所得（フロー）	フローサービス（日常的サービス）	ファーストフード スーパー スターバックス等	フローサービスの価値測定 時間軸に微分：たとえばCS調査
時間で2回微分	加速度	成長率（フロー変化率）	フロー変化率サービス（非日常的サービス）	加賀屋 リッツカールトン大阪 金融工学	フロー変化率サービスの価値測定 ここちよい変化：たとえばフラクタル測定

に相当する）．最後に『フロー変化率サービス』とは，主に民のサービスにおける非日常的サービスを指している（物理学における加速度の概念あるいは経済学における成長率の概念に相当する）．

以上の3つのサービスを表に示したのが**表 1.2**である．

1.4 サービスサイエンスの課題

本節では，サービスサイエンスの課題について著者の意見を述べよう：

(1) サービスサイエンスにおけるサービスの価値計測は，ほとんど経験と勘に頼っており，価値理論がない．
(2) そのためにはサービスのモデル化が必要である．それができれば，すべてのサービス分野（行政，企業，NPOなど）におけるサービスの価値が計測できる．

そこで本節では，マネジメントサイエンスで使われている種々の意思決定手

法と，サービスの価値計測に適している AHP 手法について紹介する．

まずマネジメントサイエンスで使われている 10 種類の意思決定手法について説明する：

(1) ゲーム理論

ゲームにおける戦略（国家間，地域間，企業間，個人間においていかにして有利な状況に置くかという問題に直面したときの戦略）として，フォン・ノイマン，モルゲンシュテルンによって確立されたゲーム理論がある．

(2) バトルゲーム

コンフリクトにおける戦略（国家間，企業間，個人間において紛争，利害の不一致に陥ったとき，いかに有利に戦うかという問題に直面したときの戦略）としてバトルゲームがある．

(3) ランチェスターの法則

コンフリクトにおける戦略としてランチェスターの法則（この法則は，英国の技術者ランチェスターにより提唱された）がある．

(4) 意思決定基準

決断のための戦略（国家，地域，企業，個人において，重要な意思決定を迫られる問題に直面したときの戦略）として意思決定基準（ラプラスの基準，マキシミンの基準，フルビッツの基準，ミニマックスの基準）がある．

(5) 効用関数

決断のための戦略として効用関数（期待値と期待効用，効用関数と主観確率の関係）がある．

(6) 線形計画法

多目標における戦略（多くの目標を同時に満足させなければならないような問題に直面したときの戦略）として，線計画法がある．

(7) ファジィ積分

あいまいな状況下における戦略（人間の感覚や直感が内包されているような問題に直面したときの戦略）としてファジィ積分がある．

(8) 最適化問題

最適化のための戦略（人間社会における種々の局面において，いかにし

て自己を最適な状況に置くかという問題に直面したときの戦略）として最適化問題がある．

(9) ISM

システム化のための戦略（多くの要素が複雑に絡み合った状況において，これら多くの要素の関係を的確に把握しなければならない問題に直面したときの戦略）として，システム工学における ISM（Interpretive Structural Modeling）がある．

(10) DEMATEL

システムのための戦略としてシステム工学における DEMATEL（Decision Making Trial and Evaluation Laboratory）がある．

次に，サービスの価値計測に適している AHP 手法について説明する．

AHP は，1971 年にサーティにより提唱された考え方で，不確定な状況や多様な評価基準を有する意思決定手法である．この手法は問題の分析において，主観的判断とシステムアプローチをうまくミックスした問題解決型意思決定手法の 1 つである．したがって，AHP を使って問題を解決するには，まず，問題の要素を，

$$\boxed{最終目標} \cdots \boxed{評価基準} \cdots \boxed{代替案}$$

の関係でとらえて，階層構造を作り上げる．そして，最終目標から見て評価基準間の一対（ペア）比較を行い，その重要さの程度を求め，次に各評価基準から見た各代替案間の一対比較を行いその評価値を求める．その後，最終目標から見た各代替案の総合評価値を算出する．AHP は，この評価の過程で，総当り的な一対比較を行うことが特徴である．その結果，これまではモデル化したり定量化したりすることが難しかった問題を解決できるようになったのである．この総当り的な一対比較行列のことを著者は「Tom's Matrix」と呼んでいる．

ところで，著者は戦略的意思決定を行うことの必要かつ十分条件を，次に示す公理として提案している：

【公理】（戦略的意思決定）
戦略的意思決定が行われるには，「より崇高な戦略」と「より具体的な戦術」が共存

し，かつこれらが有機的に結合していることが必要である．

上記に示した戦略的意思決定における公理が満たされるためには，次の2つの視点で意思決定問題を捉えなければならない．1つは，

　人々はどのように意思決定をしているのか？

であり，もう1つは，

　人々はどのように意思決定をすべきか？

である．前者を記述的アプローチと呼び，後者を規範的アプローチと呼ぶ．また記述的アプローチで作られているモデルを記述モデル（descriptive model）と呼び，規範的アプローチで作られているモデルを規範モデル（normative model）と呼ぶ．

ところで，記述モデルでは，現状の意思決定の様子を記述するのであるから，「真値」と「観測値」が存在する．「真値」を探し出すにはできるだけ「観測値」を「真値」に近づける努力をする．したがって，そこには一般的に「誤差モデル」（error model）が存在する．すなわち，「真値」と「観測値」の差を最小にする解を探し出すことになる．AHPにおける「Tom's Matrix」にあてはめると，その解は「幾何平均法」になることが証明されている．

一方，規範モデルでは規範に基づいた意見（行動）が存在するのであるから，「真値」は存在しないのである．「真値」が存在する代わりに，人々の様々な規範に基づいた意見（行動）が存在する．したがって，それらの規範的意見（行動）の集約すなわち均衡点（解）を見つける必要があるのである．すなわち，そこには一般的に「均衡モデル」（equilibrium model）が存在する．すなわち，より安定した均衡解を探し出すことになる．AHPにおける「Tom's Matrix」にあてはめるとその解は「固有ベクトル法」になることが証明されている．

そこで前者の考え方（記述的アプローチ）を「決まるモデル」（form decision）と定義し，後者の考え方（規範的アプローチ）を「決めるモデル」（make decision）と定義する．ところで，AHPは「Tom's Matrix」により構成され，かつ「Tom's Matrix」には上記2つのアプローチを併せ持つことがわかったのである．したがってAHPは，決まるモデルと決めるモデルとを併せ持つモデルであり，「定

1.4 サービスサイエンスの課題

```
人々はどのように意思              人々はどのように意思
決定をしているのか？              決定をすべきか？
       ↓                              ↓
   記述モデル                       規範モデル
 (記述的アプローチ)               (規範的アプローチ)
 (descriptive model)             (normative model)
       ↓                              ↓
   誤差モデル                       均衡モデル
  (error model)                (equilibrium model)
       ↓                              ↓
    幾何平均法                      固有ベクトル法
       ↓                              ↓
   決まるモデル                     決めるモデル

              AHP = 定めるモデル
              (moderate decision)
```

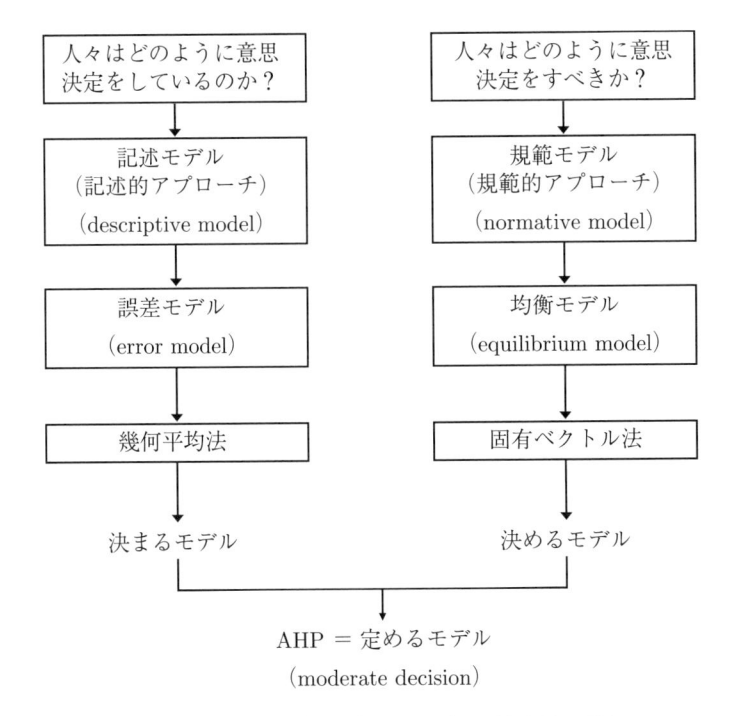

図 1.4 決まるモデル，定めるモデル，決めるモデル

めるモデル」(moderate decision) と定義する（**図 1.4** 参照）．

ところで，次に，決める (make decision)，決まる (form decision)，定めるモデル (moderate model) のコンセプトを説明するために，決め方の概念を次のように提案する（**図 1.5** 参照）：

すなわち，意思決定は，意思決定の場 (F) と意思決定の道具 (I) により成り立っている．そして，場 (F) の構成員は複数でもよいのである．また道具 (I) は，人間である必要はなく，占い，数学的手法，コンピュータシステム，神でもよいのである．ところで，著者は，『孫子の兵法の数学モデル』(講談社ブルーバックス) で，「決める」，「決まる」，「定める」という 3 つの決め方の概念を提唱した．まず，「決める」は意思決定における独立した価値基準の必要性を説き，「決まる」は意思決定おける合意形成の連続性の必要性を説いている．そして，「定める」は意思決定における独立性と連続性を併せ持った概念であると説いている（**図 1.6** 参照）．

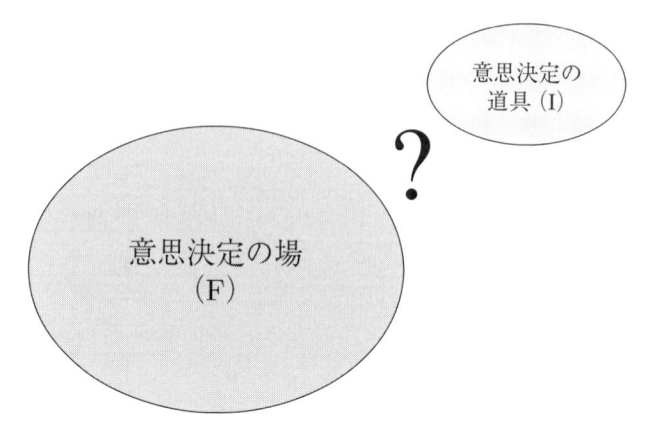

図 1.5　意思決定の概念

（意思決定の場 (F)、意思決定の道具 (I)、?）

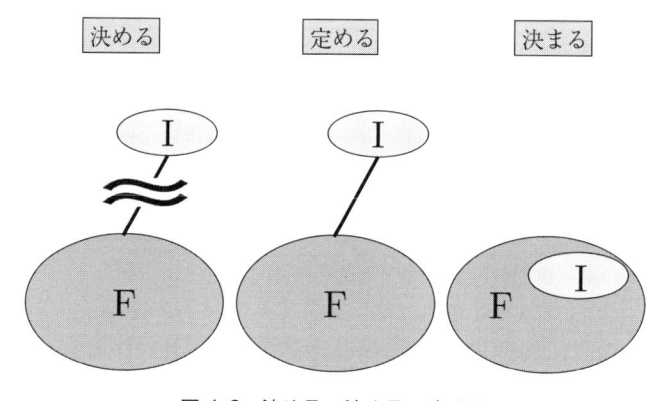

図 1.6　決める，決まる，定める

決める｜定める｜決まる

また，それらの特性（意思決定における特性）を**表 1.3** にまとめた．

この表において，定めるモデルは「意思決定の場と意思決定の道具が独立であり，かつ連続である」ことがわかるであろう．すなわち，意思決定に必要な特性は，

　「意思決定の場と意思決定の道具の間の独立性と連続性が共存することが重要なのである」

と示すことができる．

すなわち，サーティが提唱したAHPは「Tom's Matrix（一対比較行列）」で

表 1.3 意思決定における特性

	意思決定の場(F)と意思決定の道具(I)が独立(○)か従属(×)か	意思決定の場(F)と意思決定の道具(I)が連続(○)か不連続(×)か	モデル
決める	○	×	規範モデル (normative model)
決まる	×	○	記述モデル (descriptive model)
定める	○	○	定めるモデル (moderate model)

構成され,その解釈において,記述モデル(descriptive model)の側面と規範モデル(normative model)の側面が共存する,すばらしいモデルであることがわかる.

第2章　サービスサイエンスの適用分野

2.0　本章のランドスケープ

　前章において，本書で扱う「サービス」というものの概要をつかんでいただけたものと思うので，本章では，さらに踏み込んで，我が国で既に行われているいくつかの実際例を紹介しよう．これにより，サービスサイエンスが目指す本質をご理解いただきたい．

◆

　さて，サービスサイエンスの研究では，サービスや製品を提供・受容する人間が持つ機能，および欲求と行動の動機を解明するために，人間の日常における身体，心，行動のみならず，サービス製品の使われ方に関わる現象とその要因の知識化，ならびにその評価・再適用を循環的に行う必要がある．

　これを効果的に遂行するには，サービスや製品が使われる実環境フィールドで研究を行うだけでなく，それを可能にする産・学・官連携による共同研究体制を確立するとともに，人間の機能，計算やモデル化，データ検索，評価などの技術基盤開発を採用する必要がある．

　そこで，名城大学都市情報学部では，平成 20 年 6 月 12 日（木）に公開講座として，『サービスサイエンスと都市情報』（教育・行政とサービスサイエンス）を行った．この中で，行政サービスの例として『福島県矢祭町』と教育サービスの例として『京都市立堀川高校』を取り上げ，前福島県矢祭町長根本良一氏と京都市立堀川高校校長荒瀬克己氏にご講演をお願いした．本章では，これら 2 つの事例（お二人のご講演内容を著者の視点で記述した）と，IT 産業の旗手である『IBM』で行われている SSME の内容，さらにホテル・旅館業界の成功例から『加賀屋』のおもてなし，最後に，運輸交通業のヤマト運輸の『クロネコヤマト』宅急便事業について，5 件の適用事例を紹介しよう．

```
              行政サービス (2.1)
生活支援サービス        教育サービス (2.2)
         ↘   ↓   ↙
金融サービス → 人と技術による価値創出 ← ITサービス (2.3)
         ↗   ↑   ↖
    医療サービス     ホテル・旅館サービス (2.4)
         運輸・交通サービス (2.5)
```

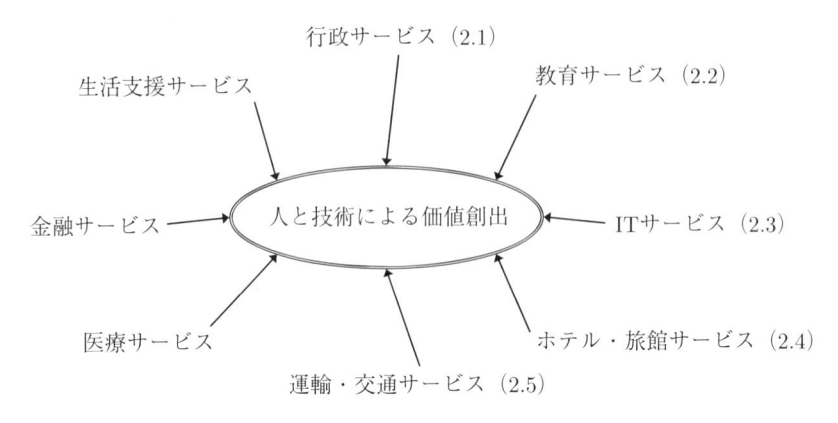

図 2.1　サービスサイエンスの適用分野

ところで，「サービスサイエンス」では，人間と技術の間での相互作用による価値の創出を最終目標にしているが，その適用分野は多岐にわたっている．上記で紹介した「行政サービス」，「教育サービス」，「IT 情報サービス」，「ホテル・旅館におけるおもてなしサービス」，「運輸・交通における交通サービス」，「健康・福祉における医療サービス」，「金融サービス」，「生活支援サービス」等々である．これらの関係を図示すると図 2.1 のようになる．

2.1　行政サービスの例—福島県矢祭町

平成 13（2001）年 10 月 31 日，矢祭町議会は，「平成の大合併」で市町村の合併話が進むなか，ひとり，「市町村合併をしない矢祭町宣言」を採択した．「これまで独立独歩，自立できる町づくりを目指してきた」「小さくても矢祭町として残り，郷土矢祭町を 21 世紀に生きる子孫に引き継ぐことが使命．よって合併しない」として矢祭町町民に向けて，さらに全国に宣言したのである．東北最南端の過疎の町が生き残るために，敢えて採った選択である．

この宣言を契機に，議員定数や役場職員の削減，町長・助役など特別職の給与カット，さらには「自立課」や「町づくり委員会」の立上げなど，行財政改革を進めている．役場職員も，財政運営の効率的運用を図るための行財政改革を自らの手で立案し，現実の計画の中へ生かし，日々の仕事の中で実践する．役

場職員の自宅を活用する「出張役場」，フレックスタイムの導入，365日開庁などの役場の機構改革も進めた．

これら，町民サービスの向上を果しつつ，自立していく矢祭町の町づくりを紹介する．

その前に，これら行政サービスの断行を行った根本良一氏について簡単なプロフィールを紹介しておこう：

根本良一（ねもと・りょういち）

昭和12（1937）年生まれ．福島県の政治家．地方自治体の自立試みで有名．高校3年生のときに父親を交通事故で失い，昭和31（1956）年学校法人石川高等学校を卒業，進学を断念して家業の家具店を継ぐ．昭和58（1983）年4月，町長初当選．

平成13（2001）年の「平成の大合併」の時期に，敢えて"合併しない宣言"を行う．その後，自立財政を目指し，猛烈な行政改革を断行した．職員数の削減・職員の職務兼務の推進などを断行．単なる切捨て型財政再建でなく，職員の意識改革により，町民への住民サービスが格段に向上した．平成14（2002）年7月，全国で最初に住民基本台帳ネットワークシステムへの接続拒否を表明．平成15（2003）年3月，町長選挙への出馬を見送ろうとするも，町民が再出馬を熱望，役場に直談判をしに町民が大挙して押しかけて説得され，再出馬し当選を果たす．平成19（2007）年4月29日，6期24年務めた町長を勇退．

さて，矢祭町の町づくりの基本は，「平成の大合併」を"しない宣言"から始まっている．このことについて，前矢祭町長の根本氏は次のように書かれている：
「平成17年4月より合併特例法が施行され，合併するもしないも厳しい時代に入ることは間違いありませんが，〈矢祭町はいかなる市町村とも合併しない〉という基本姿勢は，些かなりとも揺らぐものではなく，国家百年後もびくともしない郷土を創る．深い郷土愛を持って，何ものにも臆することなく，小さいことに誇りを持って，小さいからこそできるという気概と高い志のもとに，町づくりに邁進すること，それが自治体の元来あるべき姿と信じるものです．

本町が掲げている〈歴史ある風薫るさわやかな林間都市〉として，先人から享けた伝統と文化，豊かな山河，わが郷土を後世にそっくり引き継ぐこと，それこそが私たちの最大の使命であります．」

このような戦略（宣言）が，平成13年10月31日付で，以下のようにまとめられている：

「市町村合併をしない矢祭町宣言」

　国は「市町村合併特例法」を盾に，平成17年3月31日までに現在ある全国3,239市町村を1,000から800に，更には300にする「平成の大合併」を進めようとしております．

　国の目的は，小規模自治体をなくし，国家財政で大きな比重を占める交付金・補助金を削減し，国の財政再建に役立てようとする意図が明確であります．

　市町村は戦後半世紀を経て，地域に根ざした基礎的な地方自治体として成熟し，自らの進路の決定は自己責任のもと意思決定をする能力を十分に持っております．

　地方自治の本旨に基づき，矢祭町議会は国が押しつける市町村合併には賛意できず，先人から享けた郷土「矢祭町」を21世紀に生きる子孫にそっくり引き継ぐことが，今，この時，ここに生きる私達の使命であり，将来に禍根を残す選択はすべきでないと判断いたします．

　よって，矢祭町はいかなる市町村とも合併しないことを宣言します．

　　　　　　記

1　矢祭町は今日まで「合併」を前提とした町づくりはしてきておらず，独立独歩「自立できる町づくり」を推進する．
2　矢祭町は規模の拡大は望まず，大領土主義は決して町民の幸福にはつながらず，現状をもって維持し，木目細かな行政を推進する．
3　矢祭町は地理的にも辺境にあり，合併のもたらすマイナス点である地域間格差をもろに受け，過疎化が更に進むことは間違いなく，そのような事態は避けねばならない．
4　矢祭町における「昭和の大合併」騒動は，血の雨が降り，お互いが離反し，40年過ぎた今日でも，その瘢は解決しておらず，二度とその轍を踏んではならない．
5　矢祭町は地域ではぐくんできた独自の歴史・文化・伝統を守り，21世紀に残れる町づくりを推進する．
6　矢祭町は，常に爪に火をともす思いで行財政の効率化に努力してきたが，更に自主財源の確保は勿論のこと，地方交付税についても，憲法で保障された地方自治の発展のための財源保障制度であり，その堅持に努める．

以上宣言する．

> 平成 13 年 10 月 31 日
>
> 福島県東白川郡矢祭町議会

つまり，矢祭町の行政サービスの視点は以下の 6 点にまとめられると考えられる：

(1) 自立できる町づくりの推進
  これは，真の地方分権のあり方を示唆している．
(2) Small is Beautiful
  矢祭町は小さいからこそ輝く町を目指している．
(3) 合併による格差の阻止
  平成大合併すると地域間格差を生じ，行政サービスに偏りが生じてくる．
(4) 昭和の大合併と同じ過ちを回避
  過去に，昭和の大合併によるコンフリクトが生じ，その瘤はいまだに解決していない．
(5) 矢祭の歴史・文化・伝統の堅持
  矢祭町には地域で生まれてきた歴史・文化・伝統があり，それらを後世に守り伝えなければならない．
(6) 行財政の効率化
  行政の効率化のため，議員数を減らし，議員日当制まで導入している．

これら行政サービスの 6 つの視点により，矢祭町は以下に示す具体的なサービスを行っている：

(1) 明日を切り拓く人づくり（教育・文化環境づくり）
  先人たちから受け継いだ自然風土や歴史・伝統と，現代教育・文化を融合させながら，矢祭町は，心豊かに今を生き生きと，希望に満ちて明日を切り拓ける人づくりを推進している．
  　学校教育は，時代を担う児童生徒が恵まれた条件で学習できるよう，施設整備に積極的に取り組んだ結果，各小中学校とも充実した施設環境の

中で授業が行われている．
(2) 人が集い融和の生まれる町づくり（ふれあいの機会の増設）

町民が一堂に集い，町政について懇談したり，スポーツを通して交流を図ったりすることによって，町民の絆が一層深まり，町を愛する心が培われている．

町が独立独歩の道を歩んでいく決断をした背景には，こうした町民どうしの触合い，町民としての連帯感が町を守り，さらに前進させようとする強い意志となって現れている．

(3) 町を支える農林業への助成（次代の農林業を切り拓く若い力）

農林業は，ずっと本町の基幹産業として町を支えてきた．その位置付けは，いささかも揺るぐものではない．そして今，食の安全・品質へのこだわりなど，消費者のニーズに確実に応えるため農業経営一本に軸足を置く，頼もしい経営者がたくさん育っている．

シクラメン，ポインセチア，…などの鉢物，ハウスイチゴ栽培，しいたけ栽培など，研究会や農業生産法人によって，品質と生産性の向上をはかりつつ，自らが販路を切り拓き，有利な条件で経営を行っている．また，土地の集積化による大規模な水稲栽培も行われ，直播栽培など新しい技術への取組み，低農薬，有機肥料を使った安全性の高い農業経営が行われている．

これから農林業を取り巻く環境が如何に変わろうとも，より良いものを生産するあくなき挑戦心が矢祭町の農業を支える活力となっている．

(4) 経済的豊かさの創成（地域に根づく豊かな産業）

本町には現在，矢祭第1次，第2次工業団地，下関工業団地と3つの工業団地がある．町の活性化と人口定着に企業がもたらす効果は非常に大きく，積極的な企業誘致により，現在7社の工場が操業，平成15年度現在で870人あまりの雇用が確保されている．

この中には東証一部上場の企業もあり，そこは，現在町が造成を進めている第3次工業団地に新たに基幹工場を建設し，平成23年度の創業を予定している．既存工業団地内の生産ラインの拡大と合わせるとこの企業だけで雇用者は3000人となることが見込まれ，本町はもとより，周辺地域の経済の活性化の上でも大きな期待が寄せられている．

(5) 暮しの安全性向上（真に生きるための基盤の構築）

子供からお年寄りまで，誰もが健やかに豊かに暮らすことのできる環境の整備が，町づくりの根幹である．

現在，このためのインフラ整備はほぼ完了している：国県町道・農林道の整備，教育施設の整備，消防設備の充実，上水道の完備．また，老人福祉センター・特別養護老人ホームなどの福祉施設の整備も完了している．

企業誘致に伴う人口流入の受け皿としては，矢祭ニュータウンが造成・分譲されている．また，温泉交流研修センターや50ｍ公認プールを備えた町民プールが整備されている．

(6) 郷土の豊かな自然の広報活動（水の恵みを楽しむ）

全体の7割を山が占める本町は，それを象徴する自然がはぐくんだ，緑豊かな景勝地がある：東北の耶馬渓と称される「奥久慈県立自然公園矢祭山」，48の滝が見事に連なる秘境「滝川渓谷」などである．

その自然を満喫しようと，年間30万人以上の観光客が訪れている．

(7) 町づくりにおける不変の基本理念（自立した町づくりを進める行政改革）

その具体的な改革項目：

① 補助金・負担金・分担金等の見直しを行う．
   - 行政の守備範囲を明確にし，補助金・負担金等の見直しを図る．
② 現行の高いサービス水準を維持し，新たなニーズに対応していくことができるように長期財政計画を策定する．
③ 各業務の行政コストを算出し，バランスシートと行政コスト計算書を作成して公表する．
④ 業務の民間委託を促進する．
   - 舘山ランド・ディサービスセンター舘山荘が民間委託され，給食センターが一部業務委託された．
⑤ 窓口業務のフレックスタイム制を導入する．
   - 平日は午前7時30分から午後6時45分までの窓口業務を時間延長し，休日は午前8時30分から午後5時15分まで窓口業務を開設し，年中無休の体制になった．
⑥ 出張役場を開投する．
   - 役場職員の自宅を出張役場として開設し，役場の「駐在員」と位

置づけ，税金・水道料金・保育料等の収納，文書の配布，各種届出書や証明書の代行申請などを行い，各種の相談に応じている．
⑦ 役場自衛消防隊を結成する．
● 若い人が会社勤めで地元にいない昼間の消防のために消防 OB 会の協力を得るほか，昼間の有事の際には役場消防隊が出動し，消火活動のできる体制にした．
⑧ 幼保を一体化する．
● 幼稚園と保育所の一体化を行い，保育所は 0 歳児から 3 歳児まで，4 歳児と 5 歳児は幼稚園で保育所と同じく預かり，特別保育を行っている．
⑨ 全職員での滞納整理を行う．
● 税務課は置かずに，税金の滞納ゼロを目指し，特別職も含めた全職員で滞納整理にあたっている．
(8) 元気で活力あふれる町づくり（$1+1>2$ になる町）
商業の中心である東舘商店街は，国道 118 号沿いの舘本・桃ノ木・石田の 3 地域にかけて伸びている．東舘商店街は，大子〜水戸，棚倉〜白河を結ぶ街道筋を中心として自然発生的に生まれたものであり，その歴史も古いものがある．

平成 8 年に"自分たちの街，店に必要なものは何かを追及し，自分たちでプランをつくる"ことを目的に，東舘商店街に「元気 118 通り商店会」が結成された．若い後継者も戻りはじめ，商店街も活性化に懸命である．
(9) 「矢祭もったいない図書館」の開設

「矢祭もったいない図書館」は全国からの善意の寄贈図書により開設し，連日大勢の人々で賑わっている．その数は 40 万冊に達した．平成 19 年 1 月に開館されたが，登録作業をするのは町民ボランティアである．この試みは，全国の図書館のさきがけになるであろう．

以上，(1)〜(9) に示した矢祭町の行政サービスの具体例は，前矢祭町長である根本氏の「お人柄」と「リーダーシップ」が町民に伝わった成功例である．まさに，これからのサービスサイエンスが目指すべき方向性を示唆していると思われる．

2.2 教育サービスの例—京都市立堀川高校

【学校はサービス機関だと言うと,違和感を持つ人がいるようだ:「何でもかんでも生徒や保護者の希望するようなサービスをするのがよいことか」,あるいは「そんなことをしようとしたら,教員の勤務状況はますますひどくなるではないか」等々である.

教員の勤務状況は改善すべきであり,そうしたいと切に願って具体的な方策も実施しているし,また,何でもかんでも生徒や保護者の言うとおりにやっていたら,やや乱暴な言い方だが,教育にはならないだろうとも思う.しかし,敢えて学校がサービス機関だと言うのは,学校の目的は何かということが揺れているのではないか,という危惧を持つからである.

大げさに言えば,ホテルやレストランとは異なるが,サービス機関であるという認識は,意識と行動の変更を促すのではないだろうか.

もとより,教育機関である以上,誰に,何に,責任を持って教育活動にあたるのか.そこのところをまっすぐに立てて,より良い学校を創り続けることが重要であろう.】

以上が堀川高校の教育サービスのエッセンスであるが,その具体的な内容を説明する前に,これらの教育サービスを断行した荒瀬克己氏について簡単なプロフィールを紹介しておこう:

荒瀬克己(あらせ・かつみ)

昭和28(1953)年京都府生まれ.京都教育大学卒業後,京都市立伏見工業高校・堀川高校の国語科教諭,京都市教育委員会指導主事を経て,平成10(1998)年堀川高校教頭,平成15(2003)年同校校長.

平成19(2007)年京都市功労者表彰受賞.平成17(2005)年から中央教育審議会教育課程部会委員・同高等学校部会主査代理.平成19(2007)年から中央教育審議会初等中等教育分科会委員.同大学分科会「高等学校と大学との接続に関するワーキンググループ」委員.文部科学省言語力育成協力者会議委員.次世代の教育を考える懇談会(文部科学副大臣主催)委員.

平成19(2007)年10月,NHK「プロフェッショナル 仕事の流儀」で「『背伸びが人を育てる』校長・荒瀬克己」として放送された.著書に『奇跡と呼ば

れた学校』（朝日新書）がある．

　さて，堀川高校の学校づくりの基本は「学校はサービス機関だ」とする戦略にあると思われる．そのことから，荒瀬校長は，まず，教員・職員・生徒・父母の意識改革から始めている．これは，荒瀬イズムの普及と浸透にほかならない．つまり，サービスはサービスでも「サービスとはこうあるべき」とか「お客さまが求めているものはこれだ」と考えつつも，かならずしもサービスを受ける人（客）の居心地が良くなるようなサービスだけを提供することではない，ということである．「教育サービス」は，生徒が求めていないことまでサービスすることにある．その結果，最初はほとんどの生徒が「居心地」の悪さを感じる．堀川高校では，生徒への教育サービスが種々存在している．たとえば「勉強しろ」，「クラブにも入れ」，「探求基礎をやれ」，「総合研究をやれ」，「文化祭もがんばれ」，「いい失敗をしろ」，…種々なメニューがある．生徒たちはしんどいと思うはずである．しかし，なぜこんなにしんどい思いをしなければならないのか，と思っているうちに，いつの間にか力がついてくるのである．荒瀬氏の主張するサービスは「顧客が伸びるか，伸びないか」を考えるサービス業なのである．教育サービスが他のサービス業と大きく異なる点はここにある．しかし，このような教育サービスをするには手間がかかる．もちろん時間もかかる．さらに，金がかかることもある．

　このような教育サービスの中で堀川高校は改革を進めてきたが，改革の当初からのモットーは敢えて「2兎を追う」ことである．「2兎を追うものは1兎をも得ず」ということわざがあるように，同時に2兎を捕まえることは難しいかもしれない．しかし，高校生活を通じて，結果的に2兎，3兎を捕まえることができるのだ，というのが荒瀬氏の考え方である．

　たとえば，「大学受験に必要な学力を身につけること」と「大学入学後の研究に向けた能力や姿勢を養うこと」の2兎，あるいは「自在に英語を話せること」と「大学入試の英語を解けること」の2兎，「知識習得型の学習」と「課題探求型の学習」の2兎，「よく遊ぶ」と「よく学ぶ」の2兎などである．

　そして，これらの姿勢の背後には，生徒には「見える力」と「見えない力」があるという考え方がある．見える力とは数値化できるもの（試験の点数，偏差値など）であり，見えない力とは数値化できないもの（判断力，企画力など）で

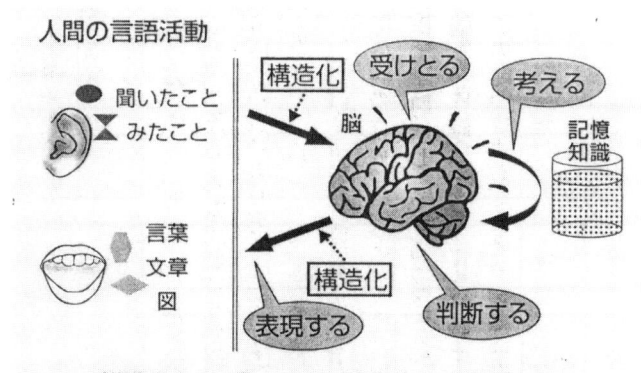

図 2.2 「4 つの力」（荒瀬克己著『奇跡と呼ばれた学校』, 2007, 朝日新書, より引用）

ある．堀川高校における「あえて 2 兎を追う」とは，この「見える力」と「見えない力」の 2 つを追い求めているところにある．

以上の話の根底にある考え方は，誤った"ゆとり教育"ではなく，本当の「ゆとり教育」は教育にとって必要であるという点にある．つまり，前述した「見えない力」とは「ゆとり教育」の部分が育てるものであると考える．世間で言う"ゆとり教育では勉強しなくていい"という誤解が生まれていたが，それとは一線を画するのである．

そこで，真のゆとりの時間は，生徒たちに多くの「見えない力」を与えてくれるものと説く：1 つ目は「時間の管理」で，生徒の計画力の向上．2 つ目は「復元力」で，困ったことがあって落ち込んでも元に戻る力の向上．3 つ目は「耐性」で，失敗してもすぐには投げ出さない，うまくいかなくてもキレたりしない，という我慢力の向上である．そして，これらのことは，真のゆとり教育によって養うことができると，荒瀬氏は強調する．

また一方，生徒へのメディアリテラシーの向上へも取り組んでいる．堀川高校が考えるメディアリテラシーとは，**図 2.2** に示すように「受けとる力」，「考える力」，「判断する力」，「表現する力」から成ると考えている：

まず，「教科書」「新聞」「雑誌」「本」「インターネット」などからの情報を的確に「受けとる力」が必要であるとする．次に，受けとったものを自分の中で

咀嚼するのが「考える力」である．そして，考えながら，自分なりに正しいか正しくないかを見極めるのが「判断する力」である．最後に，自分の考えたことを自分の言葉で表現するのが「表現する力」である．堀川高校で行われている探求活動では，これら4つのステップ（力）を経て，生徒たちの研究を自分で発表させる（口頭あるいは大ポスター）のである．

特に，堀川高校が全国に名を広めたイベントが「探求基礎」の研究発表である．堀川高校では，普通科のほかに「探求科」を設けている．この「探求科」は基礎的な学習の上に，自ら探求する力を養うことを願ってつくられた，普通科型の専門学科なのである．これまでは農業科，商業科，工業科など，職業に直結したものが大半だが，堀川高校の探求科は普通科目の学習内容をもっと深めることを主眼とした専門学科である．また，専門学科が普通科と大きく異なるのは，学習内容を相当部分独自に組み立てられるという点である．堀川高校は，普通科に特化した専門学科をつくることにより，次世代のリーダーとなりうる志の高い人材を育てたいということで取り組んでいる．

このような探求科の生徒全員（2年生）がポスター発表形式による研究発表会を行っており，その中で各ゼミから生徒自信が選んだメンバーがこの「探求基礎」の研究発表会の舞台に立つのである．このような探求科の活動を通じて，生徒の能力を飛躍的に向上させる仕組みになっている．そして，その段階は，次の3段階より成り立っている：

(1) ホップ——基礎を身につける．
(2) ステップ——ゼミで興味や関心を深める．
(3) ジャンプ——個人研究をまとめる．

また，このようなプロセスにおいて，最終的に生徒達に「課題設定能力」と「課題解決能力」を会得させ，自ら考え，行動する力を養っていかせるのである．この様子は，図 2.3 に示すとおりである．また，このような探求科3年生の時間割の例を図 2.4 に示す．

以上に示した堀川高校の教育サービスの具体例は，現堀川高校長である荒瀬氏の「着想」と「リーダーシップ」が生徒に伝わった成功例であり，これからのサービスサイエンスが目指すべき方向性を示唆していると思われる．

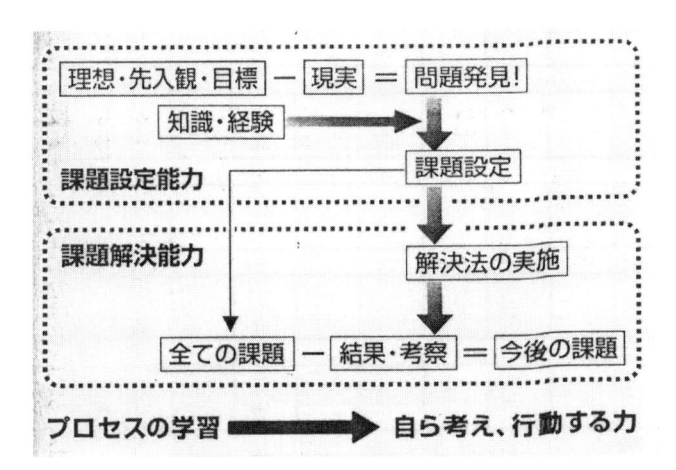

図 2.3 探求するプロセス（荒瀬克己著『奇跡と呼ばれた学校』，2007，朝日新書，より引用）

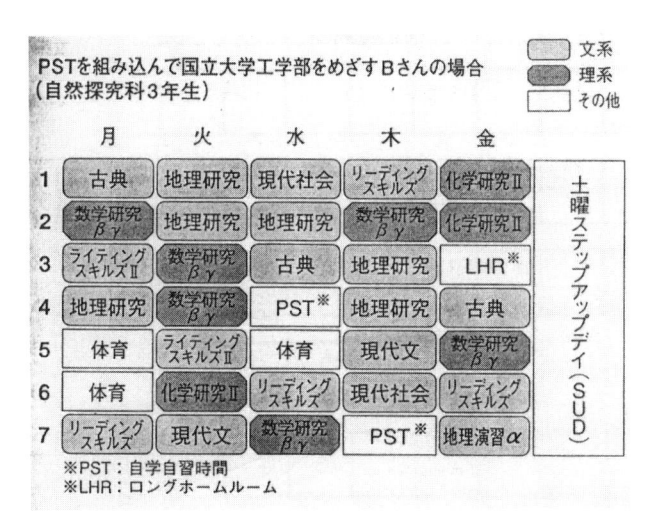

図 2.4 探求科の時間割例（荒瀬克己著『奇跡と呼ばれた学校』，2007，朝日新書，より引用）

2.3 IT サービスの例—IBM

2004年12月に公開された米国競争力評議会のレポート（通称パルミザーノ・レポート）の中で，人材・投資・基盤の3つの観点から国家戦略としてのイノベーション戦略の重要性が説明されている．すなわち，国家的なイノベーショ

表 2.1 現在の学問の潜在的な発展と進化（IBM Academic Initiative "Build your own courses" より引用）

大学院	専門分野・専門領域	進化・発展
経営管理大学院（マネジメントスクール）	マーケティング	サービスマーケティング
	オペレーションズ	サービスオペレーションズ
	会計学	サービス会計学(活動基準原価計算)
	契約交渉	サービス委託（e ソーシング）
	経営学	サービスマネジメント
	技術経営	イノベーション経営
工学および自然科学系大学院	オペレーションズリサーチ	サービスオペレーションズ
	経営工学＆システム工学	サービス工学
	コンピューター科学	サービスコンピューティング，ウェブサービス，SOA
社会科学系大学院	経済学	制度派経済学，実験経済学
	心理学	労働心理学（人的資本経営学）
	人類学・人間学	ビジネス人間学
	組織理論	
その他	情報科学 ＆ システム	
	サービスプロフェッショナルスクール	

ン教育，次世代イノベーターの育成，グローバル経済下で成功するプロフェッショナルへの支援などがこれからの経済成長に向けた目標に掲げられたことから，サービスイノベーションワークショップや教育サミットが行われるなど，高等教育機関の動きが活発である．

このような中で，IBM 社は，同社が提供するアカデミックイニシアチブの中で，「自分自身で組み立てる SSME（Services Sciences, Management and Engineering）コース」として，既存学問のなかから幅広い学問領域を取り上げ，サービス分野との関連を示している．さらに，カリキュラムの開発が進んでおり，同アカデミックイニシアチブのウェブサイトにおいて多くの情報が公開されるなど，SSME は全体的にオープンな環境で進められている．またこれらの教育プログラムは，米国の各大学に提供されていく予定である（表 2.1 参照）．

また，これら教育プログラムが目指す方向性は，ある専門性を深め，そしてさらに広い知識をもったプロフェッショナル人材（T 型人間）を養成することにある（図 2.5 参照）．

2.3 ITサービスの例—IBM

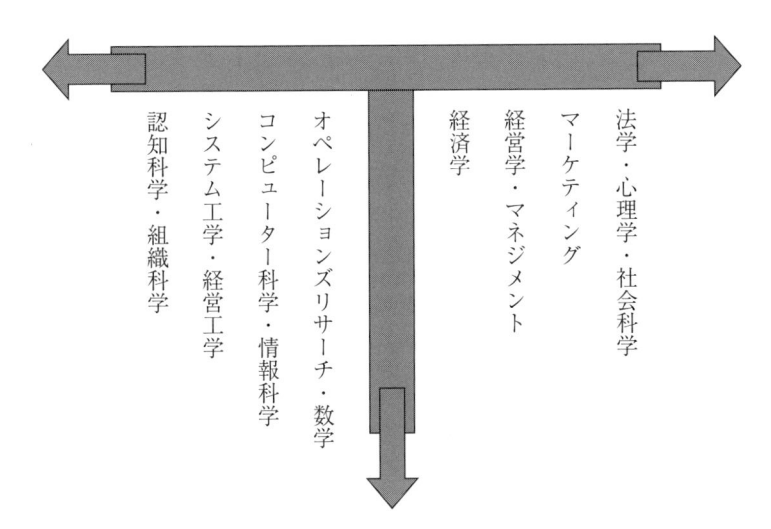

図2.5 サービスサイエンスの教育が目指すプロフェッショナル人材（T型人間）（亀岡秋男他著『サービスサイエンス』，エヌ・ティー・エス，2007，より引用）

［図中の用語：認知科学・組織科学／システム工学・経営工学／コンピューター科学・情報科学／オペレーションズリサーチ・数学／経済学／経営学・マネジメント／マーケティング／法学・心理学・社会科学］

ところで，IBMは，創業以来今日まで，まさにコンピュータの歴史そのものであり，黎明期から現在に至るまでコンピュータ産業の巨人として君臨してきた．また1970年代～1980年にかけて『IBMはサービス』という意味の言葉によって自社の価値を宣伝してきた．30年を越える後にこの言葉どおりなったことは，単なる偶然の一致ではなく，ビジネスソリューションを追求した結果，普遍的な価値としてサービスを科学する（サービスサイエンス）ことの意義を再確認させたと言えるであろう．

この結果，IBMの次なる基本戦略はサービスサイエンスを基軸に以下の事実を重視したものである：

(1) 地球全体では，1年間のIT関連支出の約80％はサービス産業に偏在していること．
(2) 特に，専門的なビジネスやサービス産業は，雇用とIT投資においては成長率があること．
(3) 製造業のサービスビジネスへの取組みや生産性改善の試みが活性化したビジネスチャンスが飛躍的に拡大すること．

つまり，IBM は，ビジネスの中心にサービス産業を捉えサービスの生産性向上やサービスイノベーションを促す ICT 投資がマーケットとして魅力的で重要であるという認識に基づき，新たなコンテンツとしてサービスサイエンスを考えている．

そこで次に，「サービスサイエンス」という言葉の発生地でもあり IBM の中のサービスサイエンスの中心地でもある IBM アルマデン研究所（カリフォルニア州サンノゼ）について紹介する．この研究所では，サービスを科学の対象ととらえ，マネジメントやエンジニアリング手法を用いてサービスを科学的に分析し，サービス産業研究に主眼を置いたコンテンツを開発するという目的を持っている．そして，アルマデン研究所のサービスソリューション部門では，以下の3つのフィールドにおいて貢献できると考えている：

(1) 研究者たちが専門の領域において，必要に応じて直接，コンサルティングビジネスにおける問題解決に取り組むこと．
(2) 効果的に働くことができ，しかもより頑強なプロセスを作るために意図された IBM グローバルサービスシステムを対象とする高度な技術のデザインと導入を図ること．
(3) 労働集約的で情報集約的なシステムにおける基礎的あるいは応用的な研究をすること．

IBM ではこのようなサービスサイエンスを押し上げる現状を，コンピュータサイエンスが始まった60年前の状況とだぶらせている．そして IBM では，サービスサイエンスもコンピュータサイエンスと同様に，学問として発展することを期待している．

ところで，日本アイ・ビー・エムでも本社 IBM の影響を受け，2007 年から SSME（Services Sciences, Management and Engineering）University を開催している．日本における産・官・学でサービスサイエンスに興味を持っている方々に集まってもらい議論をする場である．この SSME University では，主に以下に示す4つのテーマについて議論している：

(1) サービスの価値測定手法（名城大学　木下栄蔵）

(2) サービスマネジメントと競争優位性（立命館大学　香月祥太郎）
(3) サービスにおけるヒューマンファクター（東京大学　古田一雄）
(4) 知の学問としてのサービス学の位置づけ（東京大学　妹尾堅一郎）

以上の試みを日本におけるサービスサイエンスのプラットフォームにする考えである．そして日本アイ・ビー・エムは，本社IBMとともに"コンピュータ産業はじめIT産業はコンピュータサイエンスからサービスサイエンスへとパラダイムシフトしている"ことを予見しているのである．

2.4　ホテル・旅館のサービス例—加賀屋

　日本のホテル・旅館のサービスの中で，群を抜いてトップに君臨するのが石川県七尾市にある旅館「加賀屋」である．その証しとして全国の旅行会社の推薦投票により決定する『プロが選ぶ日本のホテル・旅館100選』（旅行新聞社）の，第34回総合部門1位が加賀屋であった．また，加賀屋は，29年連続でこの総合1位に選ばれている．この賞は，「おもてなし」「料理」「施設」「企画」の4部門で評価されている．加賀屋はこれらの各部門で常に高い評価を受け，徹底した「おもてなし（ホスピタリティー）」はさまざまな方向からも注目されている．
　ところで，このようなサービスの評価は，第4章で紹介するAHPを使うことをおすすめする．例えば，総合評価をゴールとして，評価基準を「おもてなし」「料理」「施設」「企画」とすれば，それらの階層構造は図**2.6**のように描くことができる．解く方法は第4章を参照していただければよいが，AHP手法の中でどのようなモデルを使えばよいかは，評価する視点によって変化するであろう．また，評価基準を増やすことや，シナリオ分析，費用/便益分析を併用すると，より詳細に評価できると思われる．
　ところで，加賀屋旅館サービスの特徴は，1.3節の表1.2（サービスの分類）に示したフロー変化率サービスになる．個々のサービスに関しては，前述した「おもてなし」「料理」「施設」「企画」で評価できるが，加賀屋の特色はその新規性にある．すなわち加賀屋のサービスの本質は"プロとして訓練された社員が，給料を頂いて，お客さまのために正確にお役に立ち，お客さまから感激と

```
                    ┌─────────────────────┐
                    │ ホテル・旅館の総合評価 │
                    └─────────────────────┘
        ┌──────────┬──────────┴──────┬──────────┐
    ┌───────┐  ┌──────┐        ┌──────┐    ┌──────┐
    │おもてなし│  │ 料理 │        │ 施設 │    │ 企画 │
    └───────┘  └──────┘        └──────┘    └──────┘
                                   │
        ┌──────┬──────┬─────┬──────┬──────┐
     ┌─────┐ ┌───┐ ┌───┐     ┌───┐ ┌───┐ ┌───┐
     │  A  │ │ B │ │ C │ ・・・│ X │ │ Y │ │ Z │
     │(加賀屋)│ │   │ │   │     │   │ │   │ │   │
     └─────┘ └───┘ └───┘     └───┘ └───┘ └───┘
```

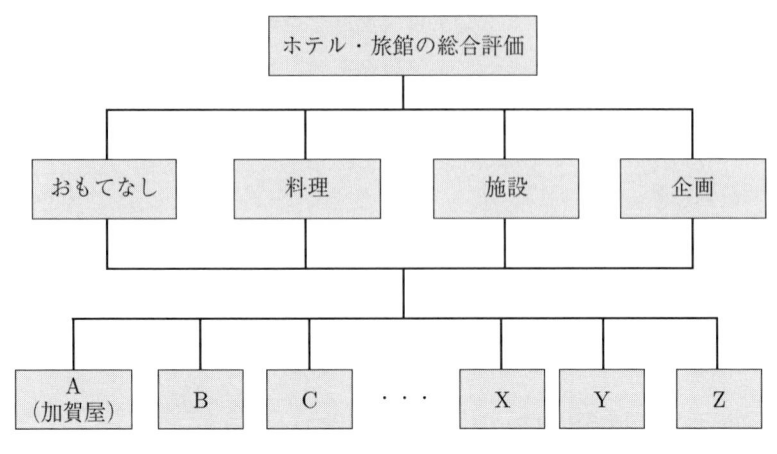

図 2.6　ホテル・旅館の総合評価に関する階層構造

満足度を引き出すこと"としている．顧客が必要なサービスをタイムリーに提供できる正確性と，顧客の気持ちをいつも考える「おもてなしの精神」を大切にしているのである．その内容は以下にまとめられる：

(1) 正確性に努める―お客さまの要求されること（種々のサービス提供）を正確に理解し，正しく応答する．
(2) 期待に応える―お客さまの要望に対して，万全に応対する姿勢でサービスを施す．
(3) おもてなしの心を忘れない―おもてなしの心を常に心に持ち，お客さまの立場で接する．
(4) クレームを 0 にする―お客さまからのクレームがなくなるよう，予防と是正に心がけ，業務の改善に取り組む．

ところで，加賀屋のサービス精神は「おもてなし（ホスピタリティー）」であると言われているが，茶道の世界も「おもてなしの精神」で貫かれている．そこで，お茶の世界におけるおもてなし精神について少しふれることにする．
お茶は，千利休により創始され，豊臣秀吉により普及されたが，天正 10 年（1587 年）10 月 1 日，京都北野神社境内において大茶会が催された．この茶会

が催された目的は，いろいろとりざたされたらしいが，その年の8月ごろから，京都の要所に立てられた高札によると，全文は7カ条にわかれていた：

第1条
北野の森で10月1日から10日間大茶会を催し，秀吉所蔵の茶道具を残らず並べて，茶道を好む者に見せる．

第2条
茶の湯に熱心な者であれば，若者，町人，百姓以下によらず，釜1つ，釣瓶水指1つ，呑み物1つでもよい．茶のない者は，こがしでもよい．持ってきて釜を掛けよ．

第3条
茶の湯をする座敷は北野の松原であるから，畳2畳敷で事がすむ．ただしわび者は，むしろじきでもよい．また着座の順序は自由でよい．

第4条
日本はいうに及ばず，いやしくも数奇の心がけのあるものは，唐国の者でも来るがよい．

第5条
遠国の者にまで見物させたいから，10月1日からにしたのである．

第6条
このように仰せ出されたのは，わび者を不憫に思い召されてのことであるから，このたび出て来ない者は，今後こがしを点てることも無用である．

第7条
特にわび者とあらば，誰々遠国の者にかかわらず，秀吉自ら茶を点てて下される．

この1条から7条までの内容は以下のように要約される：

「この茶会には，秀吉の所蔵している数々の立派な茶器を公開し，秀吉自らが点前をして，誰かにかかわらず茶を与える．また，釜をかけたいものは，釜1つ，水指1つでもよいから持ってきて，好きなところで釜をかけよ．もし抹茶のない者は，むぎこがしでもよい．そして，この茶会には身分の高下，人種の区別にかかわらず，ほんとうにわびを好み，茶の湯をたしなむ者ならば誰が来

てもよい.」

この「わび」の心こそ「おもてなしの心」であり,「ホスピタリティーの心」であると思われる.

加賀屋のストックサービス,フローサービス,フロー変化率サービスの評価が高いのは,この「おもてなしの心」にサービス精神が貫かれていることに他ならない.

2.5 運輸サービスの例—クロネコヤマト

本節では,運輸交通サービスの成功例として「クロネコヤマトの宅急便」について説明しよう.

同社は創業以来,商業貨物などのトラック運輸を中心に成長してきたが,ある時これらの事業に手詰りがでてきた.そこで,2代目社長が起死回生の策として,事業戦略を商業貨物から個人宅配へと変更した.すなわち,経営戦略上「選択と集中」に徹したのである.つまり「1つのサービスへの集中化」を図ったのである.商業貨物は「生産から消費に至る商業貨物輸送」であるが,一方,個人宅配は「個人の生活に立脚した個人間輸送」である.ライバルは郵便局の郵便小包だけであり,他の民間参入がなかったことが幸いした.

そして,個人宅配に関して参考にしたのは米国の UPS (United Parcel Service) であり,経営戦略上の「選択と集中」に関して参考にしたのが"牛丼ひとすじ"の『吉野家』である.いずれも,この経営戦略は成功し,クロネコヤマトは今や国内だけでなく海外にも進出するようになった.

ところで,クロネコヤマトのこの「差別化戦略」は,サービス産業のモットーである "顧客が望むものは何か" という消費者サイドの視点である.この視点は以下にまとめられる:それは「早さ」であり,そのことにより,配達におけるモットー「翌日配達」というサービスレベルを達成したことにある.

さらに,以上説明した経営戦略上の観点だけでなく,具体的な新商品の開発が成長のトリガーになっている.例えば,1983年に始めたスキー宅配の商品であり,1984年に始めたゴルフ宅急便,さらに,1985年に始めた引越しらくらくパック,1986年に始めたコレクトサービス,1988年に始めたクール宅急便の全国展開である.これらの新しい商品は,それぞれの時代背景にある消費者

2.5 運輸サービスの例―クロネコヤマト

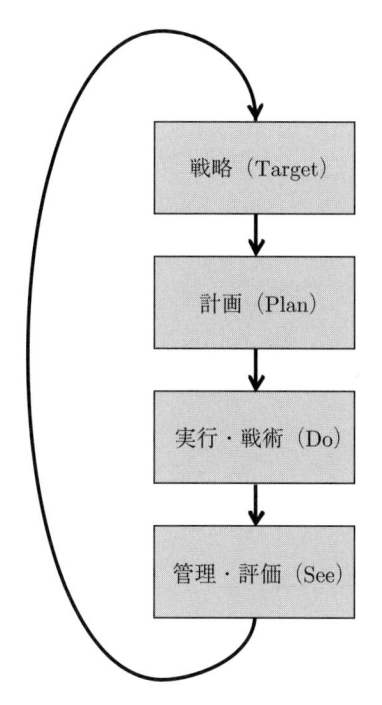

```
戦略 (Target)
    ↓
計画 (Plan)
    ↓
実行・戦術 (Do)
    ↓
管理・評価 (See)
```

図 2.7　サービスイノベーションのサイクル図

ニーズにマッチした新商品と言える．このように，徹底した消費者ニーズの把握と，徹底した CS（消費者満足度）の向上に努めたことが，今日のクロネコヤマトに押し上げた要因と言える．

またヤマト運輸では，宅急便に適したフレームワークを構築するため，種々の技術的なオペレーションを実践している．それらは，以下の3点にまとめられる：

(1) ネットワークの論理

ヤマト運輸におけるネットワーク論理は，"張った網の目をできるだけ細かくすれば，荷物がより集まり利益が増える" というものである．個人からの集荷は従来非効率と考えられてきたが，「ネットワーク論理」を実践することにより，網の目をできるだけ細かくすることで荷物を多く集めて解決していった．

(2) IT の活用

荷物の追跡システムや配車システム，代引き決済システムを開発・運用するIT子会社を立ち上げ，IT技術をフルに生かした経営を実行している．

(3) 宅配便専用車の開発

ヤマト運輸では，宅急便専用の集配車トラックをトヨタ自動車と開発することにした．よく見かけるウォータスルー車がそれである．ドライバーがドライバー席から荷物室に直接入ることができ，必要な荷物を選び出して反対側のドアから地上に出て配達するという，作業動線上きわめて理にかなった設計を実現しているのである．

以上のように，ヤマト運輸は経営上の戦略から具体的な作業における戦術にいたるまで，革新（イノベーション）によって貫き通されていることが理解できるであろう．このことがクロネコヤマトの成功の鍵であり，サービスイノベーション構造の模範となる所以である．そのサイクルの様子を示したのが図 2.7 である．

第3章 意思決定手法による
サービスの価値計測例

3.0 本章のランドスケープ

この章では，1.4節で示した10種類の意思決定手法を詳説し，それらを用いたサービスの価値計測例として10件の事例を取り上げることにする．これによって，読者諸氏がサービスサイエンスの数理的処理の実際に触れ，各自が直面している問題への適用に結びつけていける準備が整うことを期待する．

3.1 サービスサイエンスとゲーム理論

本節では，ゲーム理論（game theory）についてサービスサイエンスの視点から説明しよう．そこで，題材としては「芸能界」というサービス財にとって重要な資源である「スター俳優」の去就について，ゲーム理論に基づいて解説を行うことにする．

◆

芸能人のスキャンダルに異常な執念を燃やす写真週刊誌『ヨーガス』は，ついに大スターの花かつおが女優明太子のマンションから出てきたところをバッチリ撮ってしまった．ふたりが所属するプロダクションはことの重大さにあわてふためき，ふたりを別々の場所で同時記者会見させることで，何とか事態を打開しようと画策した．すなわち，花かつおと明太子の両人が，記者の質問攻めにどう答えるかによって次のようなペナルティを科す，と脅したのである．

① 両人とも事実を告白したら，双方を1年の出演停止処分とする．
② 両人とも事実を告白しなかったら，1ヶ月の出演停止処分ですませる．
③ ひとりが事実を告白したのに，他方が告白しなかった場合，告白したほうは

カワイゲがあるから処分なしだが，告白しなかった方はイメージダウンがはなはだしいから，芸能界から永久追放とする．

さて，花かつおと明太子のふたりは記者団の質問にどう答えるであろうか．このふたりが本当に相思相愛（芸能界には普通のことだが）の場合と，たんなる打算の火遊び（芸能界にはめずらしいことだが）の場合とに分けて答えていただきたい．なお当然のことながら，このふたりは相手がどのように答えるかは，知ることができないとする．

これは，オペレーションズリサーチ（OR）の中の有名な「ゲーム理論」（ミニマックス原理）を逆用したものである．2つの国が戦争しているとか，会社と会社が企業競争している場合，双方がとる戦術には，いくつかの選択の余地があることが多い．そんなとき，双方とも自分が受けるであろう損害が最小になるような方法を選ぶものだ，という理論である．

たとえば，**表3.1**を見ていただきたい．これは，A，Bの2社が争っているものとして，A社側から見たプラスとマイナスの表である．

つまり，A，B両社とも，Ⅰという戦略とⅡという戦略をとる道がある場合，A社がⅠを選んだとしよう．すると，もしB社が同じⅠの戦略でやってきたとき，A社はプラス1の利得，反対にB社はマイナス1の損害となる．また，A社が同じくⅠを選んだのに対してB社がⅡを選んだら，A社はプラス3の利得，B社はマイナス3の得失となる．

では，A社がⅡの戦略をとったらどうなるであろうか．この場合，もしB社がⅠの戦略をとればA社はマイナス2，B社は逆のプラス2となり，B社がⅡの戦略をとれば，A社はプラス2，B社がマイナス2となるわけである．

このような場合，A社として最も望ましいのは，自分がⅠの戦略をとったと

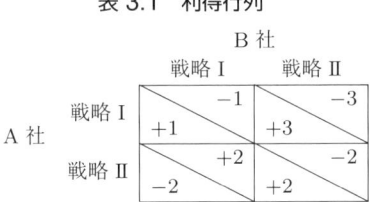

表3.1 利得行列

		B社	
		戦略Ⅰ	戦略Ⅱ
A社	戦略Ⅰ	−1 / +1	−3 / +3
	戦略Ⅱ	+2 / −2	−2 / +2

表 3.2 囚人のジレンマ

		明太子	
		事実を告白しない	事実を告白する
花かつお	事実を告白しない	1ヶ月の出演停止 / 1ヶ月の出演停止	処分なし / 芸能界から追放
	事実を告白する	芸能界から追放 / 処分なし	1年間の出演停止 / 1年間の出演停止

きに，B社がⅡの戦略を選んでくれることであろう．利得が最大になるからである．しかし，B社とて，むざむざこの方法はとらない．なぜなら，A社がⅠ，Ⅱのどちらを選んでも，B社はマイナス3，マイナス2にしかならないからである．

そうなると，B社は必ずⅠを選ぶであろう．そうすると，A社のとるべき道もただ1つ，Ⅰしかありえない．ここで初めて，A社はプラス1，B社はマイナス1の得失で双方納得ということになるわけである．

これがミニマックス原理の一例であるが，ここでは，どの方法を選ぶかの際に，双方とも相手を信用せずに，あくまで利己主義に徹する，という原則が貫かれているのである．

その結果として，全体としてはうまくいくという，完全自由競争＝資本主義の論理が前提になっている．まちがっても，相手のためを思って何かする，などということはありえない．

ミニマックス原理は，いわばこういう自己中心主義的発想から生まれたものである．それは当り前の話で，戦争や企業間競争で利他主義におぼれていたら，敗者になることは火を見るよりも明らかだからである．

ところが，この原理を先の愛情問題に当てはめてみたらどうなるであろうか．それが，この問題のミソである．はたして，花かつおと明太子のふたりは，自己中心主義的に振る舞えば良い結果が得られるのであろうか．

この状況におかれた両人は，次のように悩むであろう（**表 3.2** 参照）：

① 相手がもし事実を告白するとすれば，自分も告白しなければならない．なぜなら，1年の出演停止ですむが，相手が告白しているのに自分が知らんふりをきめこんだら，永久追放という最悪の事態になってしまう．

② もし相手が事実を告白しないとする．すると自分は事実を告白すれば，処分なしで救われる．
③ だからどっちにころんでも，自分は事実を告白すればよい．ところが，もし相手も自分と同じことを考えて事実を告白してしまえば，いやでも1年の出演停止をくらう．永久追放よりはましだが，1年も引っ込んだままでは，芸能人としては打撃が大きすぎる．
④ もし，相手もこちらの考え方を察知してくれれば，両方で事実を否認することで，両方が1ヶ月の出演停止ですむ．

これくらいなら，過去の芸能人のスキャンダルの例から見て，まあまあではないか．ここに，ふたりの芸能人の悩みがある．つまり，自分だけ「いい子」になればいいやという考え方で両方が記者会見にのぞめば，両方が事実を告白して，1年間の出演停止という打撃を受けるが，自分は永久追放になっても，相手が処分なしであってくれればシアワセと思う利他主義に徹して事実を告白しなければ両方とも1ヶ月の出演停止で，めでたしめでたしとなる．プロダクションも助かるであろう．

こうしてみると，ミニマックス原理が，戦争や企業の競争においては，利他主義や隣人愛が致命傷となるのに，このような問題では，逆の場合も出てくるのである．やはり，愛は，地球を救えないかもしれないが，芸能人は救ってくれるものらしいのである．ここで紹介したジレンマは「囚人のジレンマ」と呼ばれているものである．

ゲーム理論におけるジレンマの型は「囚人のジレンマ」以外に3つある．それらは弱者ゲーム（Jジレンマゲーム），リーダーゲーム（Lジレンマゲーム），夫婦ゲーム（Wジレンマゲーム）と呼ばれている．そこで，本稿では，前問と同じ具体例（花かつおと明太子の例）を使ってこれらの3つのジレンマゲームを，順を追って紹介することにしよう．

(1) Jジレンマゲーム

この型のゲームにおいては，花かつお，明太子両人の利得は次のように整理されるであろう（**表3.3**参照）．

表 3.3　J ジレンマゲーム

		明太子	
		事実を告白しない	事実を告白する
花かつお	事実を告白しない	1ヶ月の謹慎処分 / 1ヶ月の謹慎処分	処分なし / 1年間の謹慎処分
	事実を告白する	1年間の謹慎処分 / 処分なし	芸能界から追放 / 芸能界から追放

① 両人とも事実を告白すれば，両人とも芸能界から追放される．
② 両人とも事実を告白しなければ，両人とも 1 ヶ月の謹慎処分となる．
③ どちらか一人が事実を告白しないのにもう一方の一人が告白をした場合，告白しなかったほうは 1 年間の謹慎処分になるが，告白した方は処分なしとなる．

さて，花かつお，明太子両人は，どのような戦略を立てるであろうか．
また，この状況におかれた両人は，次のように悩むであろう：

① 相手がもし事実を告白するとすれば，自分は告白を避けなければならない．なぜなら，この場合，1 年間の謹慎処分ですむが，相手が告白しているのに自分も告白すれば，芸能界からの追放という事態になってしまう．
② もし，相手が事実を告白しないとする．すると，自分が告白すれば，処分なしとなり救われる．
③ したがって，相手が告白する場合と告白しない場合において，戦略が異なってくる．
④ しかし，相手が告白しようがしまいが，自分が告白しなければ「1 年間の謹慎処分」という最低水準は確保される．すなわち，永久追放は回避できる．したがって，相手もこの考えを察知すれば，双方とも告白しなくて，「1 ヶ月の謹慎処分」が約束される．
⑤ このとき，もし片方が裏切った場合，裏切った方が処分なしとなる．しかし，双方とも裏切った場合，両人とも永久追放となる．

ここに，両人のジレンマが発生する．それゆえ，このゲームは弱者ゲームと呼ばれている．

表 3.4　L ジレンマゲーム

		明太子	
		事実を告白しない	事実を告白する
花かつお	事実を告白しない	1年間の謹慎処分 / 1年間の謹慎処分	処分なし / 1ヶ月の謹慎処分
	事実を告白する	1ヶ月の謹慎処分 / 処分なし	芸能界から追放 / 芸能界から追放

(2) Lジレンマゲーム

この型のゲームにおいては，花かつお，明太子両人の利得は，次のように整理される（**表3.4**参照）．

> ① 両人とも事実を告白すれば，両人とも芸能界から追放される．
> ② 両人とも事実を告白しなければ，両人とも1年間の謹慎処分となる．
> ③ どちらか1人が事実を告白しないのに，もう一方の1人が告白した場合，告白しなかったほうは1ヶ月の謹慎処分になるが，告白した方は処分なしとなる．

さて，花かつお，明太子両人は，どのような戦略を立てるであろうか．
ところで，この状況におかれた両人は，次のように悩むにちがいない：

> ① 相手がもし事実を告白するとすれば，自分は告白を避けなければならない．なぜなら，この場合，1ヶ月の謹慎処分ですむが，相手が告白して自分も告白すれば，芸能界からの追放という最悪の事態になってしまう．
> ② もし，相手が事実を告白しないとする．すると，自分が告白すれば処分なしとなり，救われる．
> ③ したがって，相手が告白する場合と告白しない場合において，戦略が異なってくる．
> ④ しかし，相手が告白しようがしまいが，自分は告白しなければ，「1年間の謹慎処分」という最低水準は保証される．すなわち，追放は回避できる．したがって，相手もこの考えを察知すれば，双方とも告白しないことで，「1年間の謹慎処分」が約束される．
> ⑤ ところで，**表3.4**をよく見ると，このゲームにおいては，双方の戦略が異なった場合，同じ戦略の場合より，すべて良い状態が保証される．しかも，告白した人（主）が告白しない人（従）より1レベル良い状態となる．したがって，

表 3.5 Wジレンマゲーム

		明太子	
		事実を告白しない	事実を告白する
花かつお	事実を告白しない	1年間の謹慎処分 / 1年間の謹慎処分	1ヶ月の謹慎処分 / 処分なし
	事実を告白する	処分なし / 1ヶ月の謹慎処分	芸能界から追放 / 芸能界から追放

> リーダーの人が告白すれば他方の一人は，告白しなければよいことになる．

それゆえ，このゲームはリーダーゲームと呼ばれている．

(3) Wジレンマゲーム

さて，この型のゲームにおいては，花かつお，明太子両人の利得は，次のように整理される（**表 3.5** 参照）．

> ① 両人とも事実を告白すれば，両人とも芸能界から追放される．
> ② 両人とも事実を告白しなければ，両人とも1年間の謹慎処分となる．
>   （以上の①，②はLジレンマゲームと同じである．）
> ③ どちらか1人が内容を告白しないのにもう一方の1人が告白した場合，告白しなかったほうは処分なしになるが，告白した方は1ヶ月の謹慎処分となる．

さて，花かつお，明太子両人は，どのような戦略を立てるであろうか．
ところで，この状況におかれた両人は，次のように悩むにちがいない：

> ① 相手がもし事実を告白するとすれば，自分は告白を避けなければならない．なぜなら，この場合，処分なしとなるが，相手が告白しているのに自分も告白すれば，芸能界から永久追放という事態になってしまう．
> ② もし，相手が事実を告白しないとする．すると，自分は告白すれば，1ヶ月の謹慎処分となり一応救われる．
> ③ したがって，相手が告白する場合と告白しない場合において，戦略が異なってくる．
> ④ しかし，相手が告白しようがしまいが，自分は告白しなければ「1年間の謹慎処分」という最低水準は保証される．すなわち，永久処分は回避できる．

したがって，相手もこの考えを察知すれば，双方とも告白しなくて，「1年間の謹慎処分」が約束される．
⑤ ところで，**表3.5**をよく見ると，このゲームにおいては，双方の戦略が異なったとき，同じ戦略の場合より，すべて良い状態が保証される．しかも告白した人（ご主人）より告白しない人（奥さん）のほうが1レベル良い状態となる．したがって，ご主人が告白して，奥さんは告白しなければ，最高の状態が約束されることになる．

それゆえ，このゲームは夫婦ゲームと呼ばれている．

3.2 サービスサイエンスとバトルゲーム

　本節では，コンフリクトにおける戦略としてのバトルゲームについて，サービスサイエンスの視点から説明しよう．そこで，題材として「戦争」というアーミーサービス財にとって重要な資源である「石油の利権」，「宗教の利権」について，コンフリクト的に解説を行うことにする．

◆

　70年間も鉄の壁で守られてきたソユーズ連邦はついに崩壊した．共産主義という政治・経済システムの下，理想郷をめざして前進してきたつもりであった．しかし，現実はきびしく，計画経済の弱点が白日の下にさらけだされた．その後，独立国家共同体（CIS）というよくわからない集団ができ，その内部紛争は絶え間なく起こったのである．
　ここでの問題は，旧ソユーズ連邦に属していた2国（レーニン国とスターリン国）の紛争について論ずるものである．レーニン国とスターリン国は隣接しており，旧ソユーズ連邦時は共和国として仲良くやっていた．旧ソユーズの指示を仰いでいたからである．ところが，独立国家として存在し始めると急に仲が悪くなってきた．種々の利権を取り合うはめになったからである．どちらも小国であるがゆえに，必死になって自国の利益を守りたいがゆえである．
　そこで両国の首相が話し合い，戦争ではなくゲームで利権の決着をつけることになった．例えば，両国にまたがった大きな石油地帯がある．いま，レーニンはその中で2地域の利権を有し，スターリンは1地域の利権を有している．

3.2 サービスサイエンスとバトルゲーム

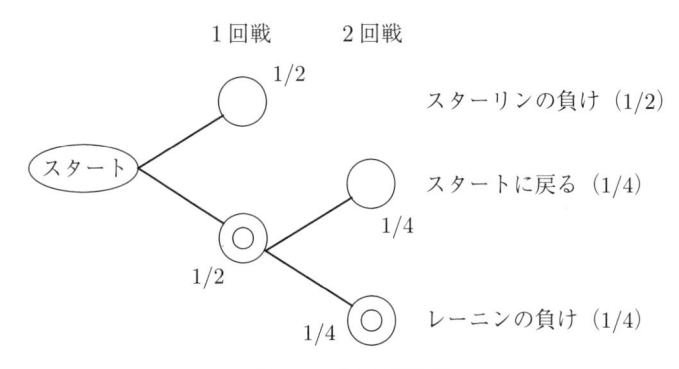

```
              1回戦    2回戦
                ○ 1/2        スターリンの負け (1/2)
         1/2  /
  スタート
         \  1/2         ◎ 1/4   スタートに戻る (1/4)
            ◎
              \ 1/4
                ◎       レーニンの負け (1/4)
```

図 3.1 バトル推移図

したがって，この石油利権ゲームは，2 対 1 の資力で戦うバトルゲームとなる．この際，1 回 1 回の戦いは 50% の勝率とする（例えば，サイコロによる丁半，コインの表裏の当て合いでもよい）．そして，1 回の戦いで勝ったほうは，相手の利権を 1 つ取り上げ，自分の利権とすることができる．このような戦いを何回か行い，どちらか一方が破産するまで続けるものである．そして，勝ったほうの国が石油の利権を独占するのである．さて，この場合，レーニン国とスターリン国が石油の利権を独占する確率を求めてみよう．また，資力である当初の利権が $\alpha : \beta$ の場合，これら 2 国が利権を独占する確率を求めてみよう．

まず，レーニンとスターリンが資力 2 : 1 で戦う場合を考える．そのとき，ゲームの進行は，図 3.1 に示すようになるであろう．

この図において，レーニンの勝ちを○，レーニンの負け（スターリンの勝ち）を◎で示している．まず，1 回戦で，レーニンが勝てばレーニンの利権は 3 になり，スターリンの利権はゼロになりゲームは終了する．そしてレーニンの利権独占となる．1 回戦でスターリンが勝てばレーニンの利権は 1，スターリンの利権は 2 になり，両国とも資力が残るので 2 回戦に進むことができる．

2 回戦で再びスターリンが勝つと，こんどはレーニンの利権がゼロになってゲームは終了，そしてスターリンの利権独占となる．2 回戦でレーニンが勝つとレーニンの利権は 2 に，スターリンの利権は 1 になり，これはこのゲームを始める前の状態と同じであり，スタートに戻る．

ここで，戦いの結果を確率で表現すると，以下のようになる．

① レーニン敗北 ……………… 25〔%〕(1/4)
② スターリン敗北 ……………… 50〔%〕(1/2)
③ スタートに戻る ……………… 25〔%〕(1/4)

さらに，③（スタートに戻る）は，上記 3 結果（① 25%，② 50%，③ 25%）に分かれていくはずであり，さらに，その結果③も，また，①，②，③に分かれていく．したがって結果①は，

$$25\,(\%) + [25\,(\%)]^2 + [25\,(\%)]^3 + \cdots$$
$$= \frac{1}{4} + \left(\frac{1}{4}\right)^2 + \left(\frac{1}{4}\right)^3 + \cdots = \frac{1/4}{1-1/4} = \frac{1}{3}$$

となる．

一方，結果②は，

$$50\,(\%) + 25\,(\%) \times 50\,(\%) + [25\,(\%)]^2 \times 50\,(\%) + \cdots$$
$$= \frac{1}{2} + \frac{1}{4} \times \frac{1}{2} + \left(\frac{1}{4}\right)^2 \times \frac{1}{2} + \cdots = \frac{1/2}{1-1/4} = \frac{2}{3}$$

となる．

以上の計算結果より，レーニンの敗北とスターリンの敗北は 1/3 と 2/3 に収束することがわかる．逆にいえば，レーニンの利権独占とスターリンの利権独占の確率は 2/3 と 1/3 になる．

ところで，上の結果を解析的に導くと次のようになる．例えば，レーニンが利権独占する確率を S とすると，

$$S \;=\; \underset{\substack{\downarrow\\ \text{1 回戦にレーニ}\\ \text{ンが勝つ確率}}}{0.5} \;+\; \underset{\substack{\downarrow\\ \text{1 回戦にレーニ}\\ \text{ンが負ける確率}}}{0.5} \;\times\; \underset{\substack{\downarrow\\ \text{1 回戦にレーニンが負けたときス}\\ \text{ターリンを破産させる確率（このと}\\ \text{き，レーニンの利権が 1 でスター}\\ \text{リンの利権が 2 になっているので）}}}{(1-S)}$$

となる．したがって，この式を解くと，

$$S = \frac{2}{3}, \quad 1-S = \frac{1}{3}$$

となる．

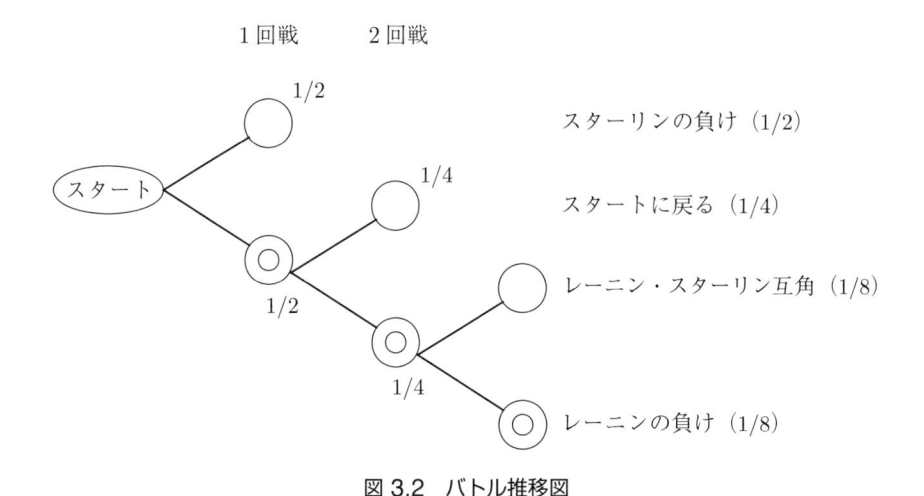

3.2 サービスサイエンスとバトルゲーム

```
         1回戦    2回戦
               1/2
                ○      スターリンの負け (1/2)
          1/2
                    1/4
スタート           ○    スタートに戻る (1/4)
          ◎
         1/2       1/8
                    ○    レーニン・スターリン互角 (1/8)
               ◎
              1/4
                    ◎    レーニンの負け (1/8)
```

図 3.2 バトル推移図

次に，レーニンの利権が3で，スターリンの利権が1の場合を考えてみよう．考え方はまったく同じであり，ゲームの進行は**図 3.2** に示すようになる．そこで，戦いの結果を確率で表現すると，以下のようになる．

① レーニン敗北 …………………… 12.5%（1/8）
② スターリン敗北 ………………… 50%（1/2）
③ 両国互角 ………………………… 12.5%（1/8）
④ スタートに戻る ………………… 25%（1/4）

さらに，④（スタートに戻る）は，上記結果（①，②，③，④）に順々に分かれていき，最終的に結果①は 1/6 に収束する．以下，結果②は 2/3，結果③は 1/6 になる．ところで，結果③は，レーニンとスターリンの勝利確率を半分ずつ分けあうので，1/12 ずつ結果①，②に加えられる．したがって，結果①は 1/4 に，結果②は 3/4 になることがわかるであろう．

以上の計算結果より，レーニンの利権独占とスターリンの利権独占の確率は，3/4 と 1/4 になる．

ところで，上の結果を解析的に導くと次のようになる．例えばレーニンが利権独占する確率を S とすると，1回戦にレーニンが勝てば確実に独占できる．1回戦でレーニンが負けると資力が 2 つずつになり互角となる．

したがって，
$$S = 0.5 + 0.5 \times 0.5$$
となる．ゆえに，
$$S = \frac{3}{4}, \quad 1-S = \frac{1}{4}$$
となる．

このようにして，レーニンとスターリンの利権数（資力）が異なる場合について調べてみると，利権独占の確率は両国の資力に正比例することがわかった．すなわち，レーニンの資力を α，スターリンの資力を β とすると，

$$\text{レーニンが独占する確率} \quad S = \frac{\alpha}{\alpha+\beta}$$

$$\text{スターリンが独占する確率} \quad A = \frac{\beta}{\alpha+\beta}$$

であり，$S : A = \alpha : \beta$ となる．

◆

さらにもう1つバトルゲームを考えてみよう．

中東に位置するエスラエルとウラブは宗教上の問題もあり，絶えず争っている．とくに，エスラエルは中東に国を再建したのが50年前であり，中東ウラブ地域に割り込んできたとウラブ側は受けとっている．したがって，エスラエルの国境線は紛争のたびに，絶えず前後に移動しているのであり，例えば，ある戦いでエスラエルがウラブに勝てば，国境線が1つ前進し，負ければ，1つ後退する．

ところで，今回の中東紛争においては，エスラエルは国境線が2つ後退すれば敗北となり，ウラブ側は，1つ後退すれば敗北とする．このとき1回1回の戦いの勝率が50%と仮定すると，エスラエルあるいはウラブが勝利する確率を求めてみよう．

この戦いは，エスラエルの資力が2，ウラブの資力が1のバトルゲームであり，本節前半のテーマの結論に示した結果がそのままあてはまる．

すなわち，エスラエルが勝利する確率を P_E，ウラブが勝利する確率を P_U とすると，

$$P_\mathrm{E} = \frac{2}{2+1} = \frac{2}{3}$$

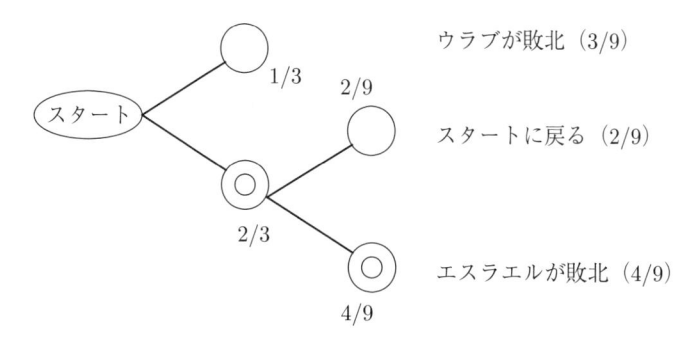

3.2 サービスサイエンスとバトルゲーム　69

図 3.3　バトル推移図

$$P_\mathrm{U} = \frac{1}{2+1} = \frac{1}{3}$$

となる．この結果，エスラエルの勝利確率は，ウラブよりも2倍であることがわかるであろう．これは，エスラエルの資力がウラブの2倍を有しているからである．そこで，ウラブは資力のなさを戦いの能力（力）で補うことにした．すなわち，ウラブは1回1回の戦いの勝率をエスラエルの2倍にしたのである．つまり，1回ごとの勝負では

　エスラエルの勝率 1/3
　ウラブの勝率 2/3

とする．そうすると，資力は2：1である代わりに，1回1回の戦いの勝率は1：2となるが，このとき最終勝利確率はどうなるであろうか？　資力と戦いの力の勝率が互いに相殺されて1：1になるのであろうか？

そこで，本節前半のテーマと同様にして，戦いの進行状況を図3.3のように示すことにする．

ただし，1回の戦いでエスラエルが勝てば○，ウラブが勝てば◎を記すことにする．1回戦でエスラエルが勝てば，ウラブは敗北して戦闘は終了するが，この確率は1/3である．また，1回戦でウラブが勝てば2回戦に進み，その確率は2/3である．2回戦でエスラエルが勝てば，資力はもとに戻るのでスタートに戻ることになる．この確率は$2/3 \times 1/3 = 2/9$である．2回戦でもエスラエルが負ける確率は$2/3 \times 2/3 = 4/9$であり，このとき，エスラエルが敗北して

戦闘は終了する．この結果を整理すると，

① エスラエルが敗北する ……………………… 4/9
② ウラブが敗北する ……………………… 3/9
③ スタートに戻る ……………………… 2/9

となるであろう．このなかで，③（スタートに戻る）は，勝負を続けると，結果①，②，③にそれぞれ4/9，3/9，2/9の確率で分かれていく．

したがって，最終的に，結果①（エスラエルが敗北する）は，

$$\frac{4}{9} + \frac{2}{9} \times \frac{4}{9} + \left(\frac{2}{9}\right)^2 \times \frac{4}{9} + \cdots = \frac{4/9}{1-2/9} = \frac{4}{7}$$

となる．一方，結果②（ウラブが敗北する）は，

$$\frac{3}{9} + \frac{2}{9} \times \frac{3}{9} + \left(\frac{2}{9}\right)^2 \times \frac{3}{9} + \cdots = \frac{3/9}{1-2/9} = \frac{3}{7}$$

となる．つまり，エスラエルの勝利確率は3/7であり，ウラブの勝利確率は4/7になる．

いままでの結果を整理すると次のようになる．エスラエルとウラブの資力が2:1であっても，1回1回の戦いの勝率が1:2であれば，最終勝利確率は3:4になる．したがって，資力の効果よりも，1回1回の戦いの力の効果の方が影響力は大きいといえる．

次に，エスラエルとウラブの資力が3:1で，1回の戦いの勝率が1:2の場合を考えてみよう．この場合の戦いの進行状況を図**3.4**に示すことにする．

これらの結果を整理すると，

① エスラエルが敗北する ……………………… 8/27
② ウラブが敗北する ……………………… 9/27
③ 資力が互角 ……………………… 4/27
④ スタートに戻る ……………………… 6/27

となる．このなかで④（スタートに戻る）は，勝負を続けると，結果①，②，③，④にそれぞれ，8/27，9/27，4/27，6/27の確率で分かれていくのである．

したがって最終的に，結果①（エスラエルが敗北する）は，

3.2 サービスサイエンスとバトルゲーム

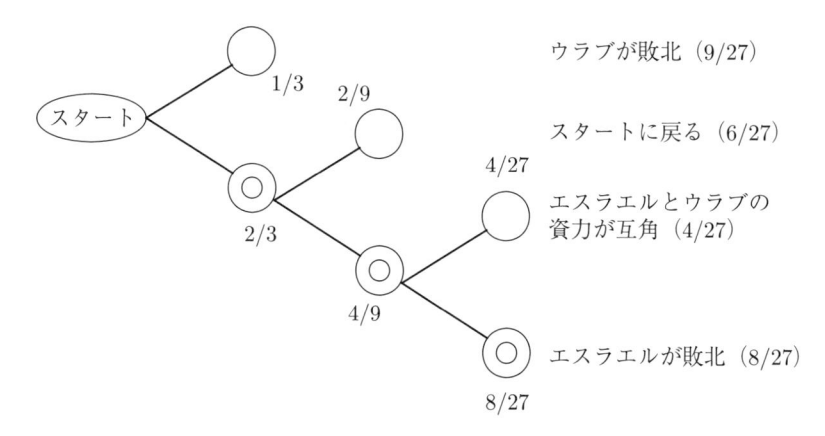

図 3.4 バトル推移図

$$\frac{8}{27} + \frac{6}{27} \times \frac{8}{27} + \left(\frac{6}{27}\right)^2 \times \frac{8}{27} + \cdots = \frac{8/27}{1 - 6/27} = \frac{8}{21}$$

となる．一方，結果②（ウラブが敗北する）は，

$$\frac{9}{27} + \frac{6}{27} \times \frac{9}{27} + \left(\frac{6}{27}\right)^2 \times \frac{9}{27} + \cdots = \frac{9/27}{1 - 6/27} = \frac{9}{21}$$

となる．また，結果③（資力が互角）は，

$$\frac{4}{27} + \frac{6}{27} \times \frac{4}{27} + \left(\frac{6}{27}\right)^2 \times \frac{4}{27} + \cdots = \frac{4/27}{1 - 6/27} = \frac{4}{21}$$

となる．このうちの結果③（資力が互角）は，エスラエルとウラブが敗北の確率を 4 : 1 ずつ分け合うことが知られている（後述の式 (3.1) より）．

したがって，

　　結果①（エスラエルが敗北する）　………　8/15
　　結果②（ウラブが敗北する）　……………　7/15

となる．

つまり，エスラエルが勝利する確率は 7/15 であり，ウラブが勝利する確率は 8/15 である．ここでもややウラブが有利となる（やはり，戦いにおける力は重要なファクターである）．

ところで，エスラエルとウラブの資力がそれぞれ，α と β であり，1 回ごと

の戦いにおいてエスラエルが勝つ確率を e（ウラブが勝つ確率 $f = 1 - e$）とすると，最終的なエスラエルの勝利確率 P は，次のように表されることが知られている（破産の定理より）．

$$P = \frac{1 - (f/e)^\alpha}{1 - (f/e)^{\alpha+\beta}} \tag{3.1}$$

3.3 サービスサイエンスとランチェスターの法則

本節では，コンフリクトにおける戦略としてのランチェスターの法則についてサービスサイエンスの視点から説明しよう．そこで題材として「戦い」というアーミーサービス財にとって重要な資源である「土地の権利」についてコンフリクト的に解説を行うことにする．

◆

まず，次の問題から考えることにしよう．
「荒木又右衛門という人をご存じであろうか．伊賀の上野（現在の三重県）の鍵屋の辻の決闘で名をあげた，江戸時代初期の剣豪である．義弟の仇討ちに助っ人として駆けつけた彼は，そのとき，なんと 36 人の敵をなで斬りにしたといわれている．かの宮本武蔵は，一乗寺下がり松の決闘で，吉岡門下十数人を斬った．高田の馬場の仇討ちで有名な堀部安兵衛も，やはり十数人をやっつけている．そんなのは昔の人の作り話さ，1 人で 10 人，20 人を相手に勝てるわけがない，という人もいるであろう．いやいや，宮本武蔵の話だけが史実で，あとはマユツバである，となぜか固く信じている人もいよう．まあ，事の真偽はさておいて，問題を 1 つ．そもそも，1 人で 10 人，20 人を相手に勝つというようなことが可能なのだろうか．斬り合いに限らない．素手のケンカでも，ピストルの撃ち合いでもなんでもよい．相手もそれなりの心得があるものとして考えていただきたい．」

結論を先に言っておこう．相手が 10 人だろうと 20 人だろうと，勝つことは可能なのである．正確な人数はさておき，武蔵や又右衛門が何十人を相手に勝ったとしても，なんの不思議もない．ただし，当然ながら，その戦い方が問題である．昔の言葉でいえば兵法，つまり作戦がモノをいう．「同時に 3 人以上の相

手をしないこと」これが多数の敵を破る奥義である．すなわち，大勢をいっぺんに相手にせず，その場でうまく2人（ないし1人）を相手にするのである．

ところで，この「3人以上を相手にしない」法則は，「ランチェスター戦略モデル式」の結果から生まれたものである．ランチェスターの法則は，英国の技術者ランチェスターにより提唱された理論で，第1次世界大戦（英独戦）の戦闘機の戦いにおけるデータを基に解析された．その後この理論は，第2次世界大戦における空軍の作戦に適用されたが，今では，オペレーションズ・リサーチの一分野として，経営戦略などに適用されている．そして，クープマンという学者が，この「ランチェスター戦略モデル式」から戦いの勝ち方に関する有力な法則をいくつか導き出したのだが，その中の1つがここで紹介する「3対1の法則」である．もう少しくわしく言うと，「（軍隊同士の戦闘で，一方がどんなに運が良くて士気が高くても）相手との力関係が3対1になると，均衡を保つのは不可能になる」というものである．この法則を裏返せば，「どんなに強い相手でも，3人一緒にかかれば勝てる」ということになる．第2次世界大戦中，米空軍は，小回りのきく日本の零戦を相手に大いにてこずった．とくに，体当り攻撃を繰り広げる特攻隊は恐怖の的であった．

そこで，物量に勝る米空軍が採用したのが，クープマンによる「3対1の法則」による作戦である．すなわち，米軍は日本の戦闘機の3倍の数の戦闘機を用意し，空中戦に臨んだ．零戦1機を3機で同時に攻撃したのである．こうして，米軍は損害を最小限にとどめつつ，つぎつぎと勝利を収めていったのである．さしもの"空の神兵"たちも，敗れるべくして敗れたといえるであろう．

◆

そこで次に，このクープマンの法則の一般的理論であるランチェスターの法則について，例とともに紹介することにしよう．

いまから約400年前，戦国時代のころ，A氏とB氏は全国統一をめざししのぎを削っていた．戦いの主力は，いまだ一騎打ちであった．そんなとき，A氏とB氏の合戦が始まったのである．A氏の軍団は2000人，B氏の軍団は1000人であった．普通に戦えばA氏の楽勝であろう．そこで，B氏は，A軍団に勝つためには，B軍団の1人1人の武士の力量がA軍団の武士よりどれくらい勝っていればよいかを考えた．この力量比を計量的に把握できれば，具体的に指示できるからである．ただし，この場合の力量比 (R) とは「B軍団の武士1

人が死ぬとき，A 軍団の武士 R 人が死ぬ」ことを表している．

さて，B 軍団の武士の数は A 軍団の半分であるから，B 軍団が勝つためには，B 軍団の武士の力量が A 軍団の武士より 2 倍以上あればよいことが直感的に理解できるであろう．しかし，B 氏はこれが理論的に説明できるかどうか疑問に思った．どのようにすれば説明できるであろうか？ そこで，この問題を，ランチェスターの法則により解くことにしよう．

さて，合戦が始まってからある時間の後，A 軍団の武士の数を u とすると，それまでに斬られた武士の数は，

$$2000 - u$$

となる．一方，同じ時期の B 軍団の武士の数を v とすると，それまでに斬られた B 軍団の武士の数は，

$$1000 - v$$

となる．いま，B 軍団の武士の力量が A 軍団の R 倍とすると，

$$2000 - u = R(1000 - v)$$

となる．すると，B 軍団の武士数 v は，

$$v = \frac{1}{R}(u - 2000 + 1000R)$$

と表すことができる．そこで力量比 R に数値を代入して，B 軍団の武士の数 v と A 軍団の武士の数 u の関係をグラフにする．ただし，$R = 1, 1.5, 2, 3, 4, 5$ とする（図 **3.5** 参照）．

図 **3.5** を見ると，A，B 両軍の武士の力量が同じのとき（$R = 1$），A 軍（u）2000 人，B 軍（v）1000 人で始まった戦いは，時間の経過とともに，u, v とも減少し，v が 0，すなわち B 軍が全滅したとき，A 軍は 1000 人の武士が残っていることを示している．そして，B 軍の武士の力量が A 軍の 1.5 倍（$R = 1.5$）のとき，B 軍が全滅すると，A 軍は 500 人の武士が残っている．また，B 氏の直感的予測どおり，B 軍の武士の力量が A 軍の 2 倍のとき（$R = 2$），両軍は引き分けるのである．一方，力量比（R）が 2 倍以上になると，B 軍が勝つこともわかる．すなわち，力量比が 3 倍になると，A 軍団が全滅するとき，B 軍団は 333 人の武士が残っており，力量比が 4 倍，5 倍になると，B 軍団の武士が

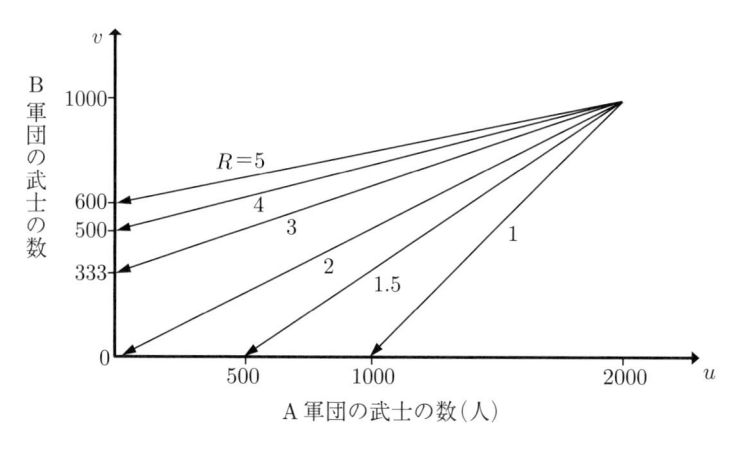

図 3.5 武士の数の推移図

それぞれ 500 人, 600 人残っていることがわかる.

さて, この A, B 合戦をもう少し一般的に考えてみよう. すなわち,

A 軍団の最初の武士の数: α（人）
B 軍団の最初の武士の数: β（人）

とする. すると, いままで述べてきた思考シミュレーションより, 両軍団のある時期の武士の数 u, v の関係は,

$$\alpha - u = R(\beta - v) \tag{3.2}$$

という式で表現される. この関係式を, ランチェスターの 1 次法則と言う.

この式は,（A 軍団の斬られた武士の数）は,（B 軍団の斬られた武士の数）の R 倍に等しいという意味である. そこで, この式を, 以下に示す微分方程式から誘導することにする.

すなわち, ランチェスターの 1 次法則の意味を数学的に述べると次のようになるであろう. 例えば, ごく微小な時間内に A 軍団の武士の数は du だけ減り, B 軍団の武士の数は dv だけ減るとすれば, 以下の式で表現できる.

$$-du = -Rdv$$

そこで, この両辺を積分すると,

$$u = Rv + C \quad (C \text{ は積分定数})$$

となる．ただし，合戦の最初は，u が α，v が β であるから，

$$\alpha = R\beta + C$$

となる．すなわち

$$C = \alpha - R\beta$$

となり，この C を $(u = Rv + C)$ の式に代入すると，

$$\alpha - u = R(\beta - v)$$

となり，前述したランチェスターの1次法則の式と一致する．

以上がA，B合戦のランチェスター1次法則による分析である．

なお，クープマンの「3対1の法則」は，一騎打ちの戦い（ランチェスターの1次法則）において，個人の力量比 R が3以上にならないことを経験的に示していると言えよう．

前述したA氏とB氏の合戦は，結局は引き分けに終わり，決着はつかなかった．そこで，ここでは，それから10年後に行われた天下分け目の決戦（A，B合戦）について記述することにしよう．人数は前と同じように，A氏の軍団は2000人，B氏の軍団は1000人であったとする．ところが，戦いの主力は一騎打ちによる1対1の戦いから，鉄砲による軍団対軍団の戦いに変わっていた．鉄砲の性能が両軍団とも同じであればA軍団の楽勝である．そこで，B氏はA軍団に勝つためには，B軍団が使う鉄砲がA軍団の鉄砲よりどれくらい性能が良ければよいのかを考えた．この性能比を計量的に把握できれば，作戦が立てられるからである．ただし，この場合の性能比（R）とは，「B軍団の鉄砲のほうが性能が良く，A軍団の鉄砲に比べて R 倍もの弾丸を発射できる」ことを表している．さて，B軍団の武士の数はA軍団の半分であるから，B軍団が勝つためには，B軍団の鉄砲の性能がA軍団の鉄砲の性能より2倍以上あればよいことが，前の結果（ランチェスターの1次法則）から推測できる．しかし，B氏は，この推測に疑問をもった．というのは，前の戦いは1対1の個人戦であったが，ここでは集団の戦いであるからである．さて，ではどのようにすればB軍団が勝てる鉄砲の性能比（R）が計算できるであろうか？

3.3 サービスサイエンスとランチェスターの法則

ここで，この問題をランチェスターの法則によって解くことにする．前の戦いで説明したような微分方程式で，この問題を分析してみよう．

すなわち，ごく微小な時間内に A 軍団の武士の数は du だけ減り，B 軍団の武士の数は dv だけ減るとする．このとき，dv は A 軍団からの弾丸の数に比例し，A 軍の弾丸の数は A 軍の生存者数 u に比例する．つまり，

$$-dv = Cu \quad (C \text{ は定数}) \tag{3.3}$$

となる．一方，du は B 軍からの弾丸の数に比例し，B 軍の弾丸の数は B 軍の生存者数 v に比例する．ただし，B 軍の鉄砲の性能が A 軍の R 倍あるので，次式のようになる．

$$-du = RCv \tag{3.4}$$

そこで，(3.3) 式を (3.4) 式で割ると，

$$\frac{dv}{du} = \frac{u}{Rv} \tag{3.5}$$

となる．そこで (3.5) 式を，

$$udu = Rvdv$$

のように変形して両辺を積分すると，

$$u^2 = Rv^2 + D \quad (D \text{ は積分定数})$$

となる．ただし，合戦の最初は u が 2000 人，v が 1000 人であるから，

$$D = u^2 - Rv^2 = (2000)^2 - R \times (1000)^2$$

である．したがって，

$$2000^2 - u^2 = R(1000^2 - v^2) \tag{3.6}$$

となる．

そこで，(3.6) 式において，具体的に鉄砲の性能比 R に数値を代入して，B 軍団の武士の数 v と A 軍団の武士の数 u の関係をグラフにしてみよう．ただし，$R = 1, 2, 3, 4, 5, 10$ とする（図 **3.6** 参照）．

図 **3.6** を見ると，AB 両軍の鉄砲性能が同じのとき（$R = 1$），A 軍（u）2000

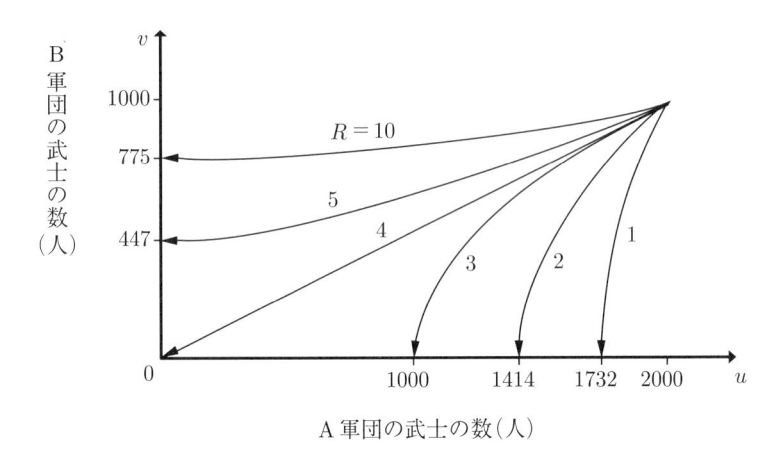

図3.6 武士の数の推移図

人，B軍 (v) 1000 人で始まった戦いは，時間の経過とともに，u, v とも減少し，v が 0，すなわち B 軍が全滅したとき，A 軍は 1732 人の武士が残っていることを示している．そして，B 軍の鉄砲の性能が A 軍の 2 倍（$R = 2$）のとき，B 軍が全滅すると，A 軍は 1414 人の武士が残っている．すなわち，B 氏の疑問が的中し，$R = 2$ では互角に戦えないことがわかる．B 軍の鉄砲の性能が A 軍の 3 倍（$R = 3$）のときでも，B 軍が全滅しても A 軍は 1000 人残っており，B 軍の鉄砲の性能が A 軍の 4 倍（$R = 4$）のとき，やっと両軍は引き分けるのである．

一方，性能比（R）が 4 倍以上になると B 軍が勝つことがわかるであろう．すなわち，性能比が 5 倍になると，A 軍団が全滅するとき B 軍団は 447 人の武士が残っており，性能比が 10 倍になると，B 軍団の武士が 775 人残っていることがわかる．

さて，この AB 合戦をもう少し一般的に考えてみよう．すなわち，

　A 軍団の最初の武士の数：α（人）
　B 軍団の最初の武士の数：β（人）

とする．すると，いままで述べてきた思考シミュレーションより，両軍団のある時期の武士の数 u, v の関係は，

$$\alpha^2 - u^2 = R(\beta^2 - v^2) \tag{3.7}$$

という式で表現されるはずである．この関係式をランチェスターの2次法則と言う．すでに導いたランチェスターの1次法則は

$$\alpha - u = R(\beta - v) \tag{3.8}$$

となる．

ところで，(3.7) と (3.8) 式を比べると，ランチェスターの2次法則は，1次法則に比べて性能比 R（力量比）の効果が少ないことがわかる．そこで次に，この理由を検討してみよう．

(3.7) 式において，$u = v = 0$ として，R の値を求めると，

$$R = \left(\frac{\alpha}{\beta}\right)^2$$

となる．これより，性能比 R は人数比の2乗でないと対抗できないことがわかるであろう．本節の例では人数比は2倍なので，性能比 $R = 4$ で引き分けになる．すなわち，ランチェスターの2次法則においては，性能比（R）の効果も1次法則のときより大きいが，それ以上に，人数比の効果が大きく影響することがわかる．したがって，クープマンの「3対1の法則」は，集団の戦い（ランチェスターの2次法則）において，性能比 R が9以上にならないことを経験的に示しているといえる．

3.4 サービスサイエンスと意思決定基準

本節では，決断のための戦略についてサービスサイエンスの視点から説明しよう．そこで題材として「レジャー」というサービス財にとって重要な資源である「休日における家族サービス」について意思決定論的解説を行うことにする．

◆

さて，今度の週末は，久しぶりに家族とともに過ごすことにした．仕事が忙しく，最近あまり休日に家族サービスをしていない．しかし，罪ほろぼしのつもりで計画したのだが，どのように過ごすのがよいか見当がつかないでいる．そこで，いろいろ思案した結果，次の4つの案が出てきた：まずA案は，郊外の

表 3.6 満足度指数 w_{ij}

レジャーの案＼天候のケース	晴	曇	雨	風
A 遊園地	40	40	20	50
B 映画鑑賞	35	35	35	35
C 海（マリンスポーツ）	30	70	20	20
D 山（アスレチック・フィールド）	30	60	20	30

遊園地へ行く計画である．まだ子どもが小さいので，遊園地で遊び回るのも一興だ．帰りに食事をともにすれば，楽しみはさらに倍増するであろう；次に，B案は映画鑑賞．この案は，天候には左右されないという利点がある．いま評判のロードショーが封切中であり，子どもにも十分教養がつくと思われる；さらにC案は，海へ行って，マリンスポーツを楽しむというものである．この案は天候が晴であれば最高であるが，もし雨や風が強い時は最低になるであろう；最後にD案で，山へ行き，アスレチック・フィールドで楽しもうというものである．山のきれいな空気を吸って，健康を増進させようというものである．しかし，この案もC案と同じように，天候によって満足度が大きく左右されるところに特徴がある．

さて，これらの案のなかで，どの案が週末の休日を過ごすのに最適であるかを考えてみよう．そこで，これらの案の満足度を客観的な数字で表したいのだが，これらの満足度は，週末の天候によって大きく変化する．ここで，天候の種類としては，晴・曇・雨・風の4ケースを考え，それぞれの案に対する満足度を，それぞれの天候のケースに応じて数字に表してみた．その結果を**表 3.6**に示している．この表から，どの案が最適かを科学的に結論づけていただきたい．さて，どのようにすればよいであろうか．

そこで，この問題を，不確実性を伴う意思決定問題としてとらえることにする．このような意思決定問題を解く決定基準として次の4つがある：まず1つ目がラプラスの基準であり，2つ目がマキシミンの基準であり，3つ目がフルビッツの基準であり，最後がミニマックス基準である．これら4つの決定基準を説明し，それぞれの決定基準に従ってこの例を解くことにしよう．

(1) ラプラスの基準

これは，すべてのシナリオのもとで各案の満足度を均等に扱う考え方である．つまり，ある案の満足度は，次の式にあるように各シナリオに対する満足度の平均値で表される．

$$W_L(a_i) = \frac{1}{m}\sum_{j=1}^{m} W_{ij} \quad (i=1,\ldots,n;\ j=1,\ldots,m) \tag{3.9}$$

ラプラスの基準とは，(3.9) 式において全体の平均値である W_L（満足度）が最大になる案を選択することである．ただし，i は案の番号，j はシナリオの状態番号を表している．そして，$a_1 =$ A 案，$a_2 =$ B 案，$a_3 =$ C 案，$a_4 =$ D 案であり，$j_1 =$ シナリオ I，$j_2 =$ シナリオ II，$j_3 =$ シナリオ III，$j_4 =$ シナリオ IV を表している（$n=4,\ m=4$）．さらに，W_{ij} は i 案の j シナリオに対する満足度を表している．

このラプラスの基準は，式からもわかるように，シナリオの生起確率を等確率としてとったものである．この基準を最大にするように選択するわけである．

この例では，次のような計算結果になる．シナリオが全部で 4 つあるため，それぞれの満足値を 1/4 ずつに平均している．

$$A(a_1) = W_L(a_1) = \frac{1}{4}\times 40 + \frac{1}{4}\times 40 + \frac{1}{4}\times 20 + \frac{1}{4}\times 50 = 37.5$$

$$B(a_2) = W_L(a_2) = \frac{1}{4}\times 35 + \frac{1}{4}\times 35 + \frac{1}{4}\times 35 + \frac{1}{4}\times 35 = 35.0$$

$$C(a_3) = W_L(a_3) = \frac{1}{4}\times 30 + \frac{1}{4}\times 70 + \frac{1}{4}\times 20 + \frac{1}{4}\times 20 = 35.0$$

$$D(a_4) = W_L(a_4) = \frac{1}{4}\times 30 + \frac{1}{4}\times 60 + \frac{1}{4}\times 20 + \frac{1}{4}\times 30 = 35.0$$

したがって，A 案（a_1）を選択することになる．

(2) マキシミンの基準

$$W_L(a_i) = \min_{j} W_{ij} \quad (i=1,\ldots,n;\ j=1,\ldots,m) \tag{3.10}$$

マキシミンの基準とは，(3.10) 式において，W_L（満足度）が最大になる案を選択することである．この基準は，式からもわかるように，最も悲観的立場に

立った基準であろう．シナリオは，選択した案に対してその結果が最悪となるような状態を出現させるという立場である．この例では，

$$A(a_1) = W_L(a_1) = 20$$
$$B(a_2) = W_L(a_2) = 35$$
$$C(a_3) = W_L(a_3) = 20$$
$$D(a_4) = W_L(a_4) = 20$$

となる．したがって，マキシミンの基準に従えば，B案（$B(a_2)$）を選択することになる．ただし，反対に最も楽観的な基準を考えることもできる．そして，これら2つの基準は，次に紹介するフルビッツの基準に統合される．

(3) フルビッツの基準

$$W_H(a_i) = \alpha \max_j W_{ij} + (1-\alpha) \min_j W_{ij},\ 0 < \alpha < 1 \quad (i=1,\ldots,n;\ j=1,\ldots,m) \tag{3.11}$$

フルビッツの基準とは，(3.11)式において W_H（満足度）が最大となる案を選択することである．この基準は，式からわかるように，悲観と楽観を混合したもので，α が楽観の程度を表すパラメータ（助変数）である．この例では，

$$A(a_1) = W_H(a_1) = 50\alpha + (1-\alpha) \times 20 = 30\alpha + 20$$
$$B(a_2) = W_H(a_2) = 35\alpha + (1-\alpha) \times 35 = 35$$
$$C(a_3) = W_H(a_3) = 70\alpha + (1-\alpha) \times 20 = 50\alpha + 20$$
$$D(a_4) = W_H(a_4) = 60\alpha + (1-\alpha) \times 20 = 40\alpha + 20$$

となる．したがって，$\alpha > 0.3$ のとき，$C(\alpha_3)$ 案を選択することになる．

(4) ミニマックス基準

$$\begin{aligned} W_S(a_i) &= \max V_{ij} \quad (i=1,2,\ldots,n) \\ V_{ij} &= \max_K W_{Kj} - W_{ij} \quad (i=1,2,\ldots,m) \end{aligned} \tag{3.12}$$

ミニマックス基準とは，(3.12)式において，W_S が min（最小）になる案を選

表 3.7 損失数

レジャーの案＼天候のケース	晴	曇	雨	風
A 遊園地	0	30	15	0
B 映画鑑賞	5	35	0	15
C 海（マリンスポーツ）	10	0	15	30
D 山（アスレチック・フィールド）	10	10	15	20

択することである．またV_{ij}は，(3.12) 式からも明らかなように，もし天候の状態が真であるとあらかじめわかっていれば選択したであろう案に対する結果$\max_{K} W_{Kj}$と，天候の状態が真であると知らないばかりに選択してしまったa_iに対応する結果W_{ij}との差である．これは，天候の形態の出現を知らなかったことにもとづく損失，機会損失である．天候の状態は，機会損失を最大にするものが出現するという悲観的立場から$W_S(a_i)$が定められる．このミニマックス基準は，前述した3つの基準とは異なり，これを最小にする案を選定する．

ところで，この例では，V_{ij}すなわち損失表は**表 3.7** のようになる．

ゆえに，$W_S(a_i)$は次のようになる：

$$A(a_1) = W_S(a_1) = 30$$
$$B(a_2) = W_S(a_2) = 35$$
$$C(a_3) = W_S(a_3) = 30$$
$$D(a_4) = W_S(a_4) = 20$$

したがって，$W_S(a_i)$の値が最小である$D(a_4)$案を選択することになる．

以上，4つの基準に従って意思決定をした場合，選択される案はすべて異なってくる．

ところで，決定基準の選択は次の2つの視点から行われるべきであると思われる．第一は，各種の決定基準が立脚している視点，すなわち，等確率/悲観的/楽観的/最大機会損失のうち，意思決定者が適当と考える視点を採択することである．

第二は，各種の決定基準のもつ性質を検討し，直面している意思決定問題の状況に最もふさわしい基準を選択することである．

3.5 サービスサイエンスと効用関数

本節では，決断のための戦略についてサービスサイエンスの視点から説明しよう．そこで，題材として「外交」というサービス財にとって重要な資源である「外交交渉」について意思決定論的解説を行うことにする．

◆

さて，ある北方の島国 A で，領土問題が起こった．というのは，十数年前ちょっとしたいざこざで，元来 A 国の領土であった 4 つの島が，隣接する軍事大国 B のものになってしまったのである．ところが，いまは友好関係を回復し，A と B の 2 国の間で，領土問題に関する交渉がはじまったのである．何回かの交渉の末，この北方 4 島は両国共有の領土として共同管理することになった．そして，この 4 島からの収益を，「ある約束」のもとで配分することとなった．そのある約束とは，クジなのである．というのは，配分率については交渉で結論が出ず，いたしかたないので運を天にまかせる方法をとったのである．また，このクジは現在 4 島を管理している B が作成し，A 国が引くというものである．

たとえば，収益の配分率とクジの確率があらかじめわかっている図 **3.7** の場合を考えよう．Ⅰのクジは，配分率 100% と 20% を引き当てるのだが，その確率を，それぞれ 0.3 と 0.7 とする．一方，Ⅱのクジは，配分率 80% と 10% を，それぞれ 0.3 と 0.7 の確率で引き当てる．このとき A 国の代表はⅠとⅡのうち，どちらのクジにトライするであろうか．この場合，成功/失敗いずれの結果においても，Ⅰのクジのほうが常に有利であり，Ⅰを採用するのは当然である．期待値（E）を計算しても結果は明白である．

$$\text{Ⅰのクジ} \quad E(\text{Ⅰ}) = 100 \times 0.3 + 20 \times 0.7 = 44 \, (\%)$$

$$\text{Ⅱのクジ} \quad E(\text{Ⅱ}) = 80 \times 0.3 + 10 \times 0.7 = 31 \, (\%)$$

次に，図 **3.7** に示したⅢをⅠのクジと比較してみよう．

この場合，成功/失敗どちらでも同じ配分率になっているが，Ⅲのほうが成功確率は高いので，Ⅲのクジを選択するのは，これまた当然であろう．期待値の計算結果，

$$\text{Ⅲのクジ} \quad E(\text{Ⅲ}) = 100 \times 0.5 + 20 \times 0.5 = 60 \, (\%)$$

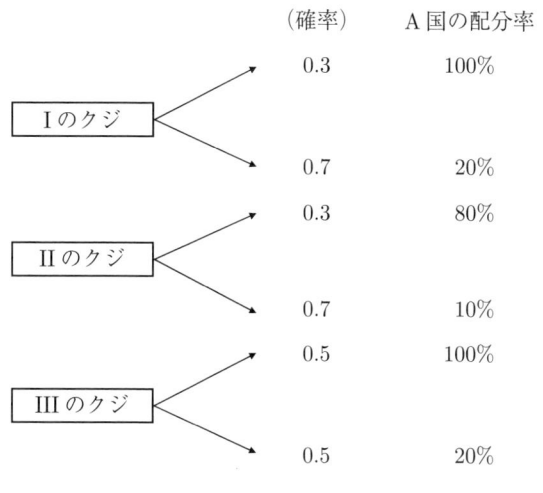

```
                    (確率)    A国の配分率
                 ┌──→ 0.3     100%
    [Iのクジ]────┤
                 └──→ 0.7      20%

                 ┌──→ 0.3      80%
    [IIのクジ]───┤
                 └──→ 0.7      10%

                 ┌──→ 0.5     100%
    [IIIのクジ]──┤
                 └──→ 0.5      20%
```

図 3.7　I, II, III のクジの内容

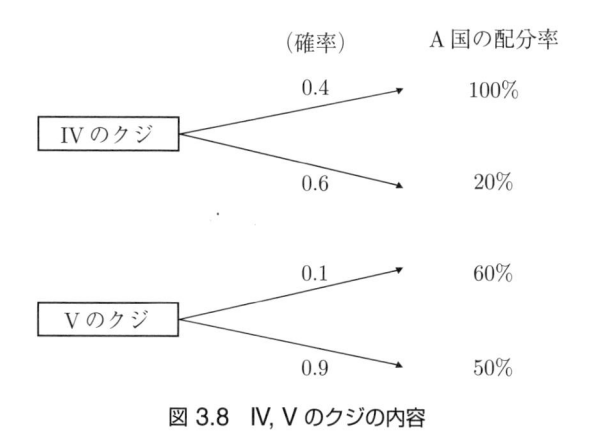

```
                    (確率)    A国の配分率
                 ┌──→ 0.4     100%
    [IVのクジ]───┤
                 └──→ 0.6      20%

                 ┌──→ 0.1      60%
    [Vのクジ]────┤
                 └──→ 0.9      50%
```

図 3.8　IV, V のクジの内容

からみても明らかである．

　以上，2つのケースのように，クジの確率，もしくは配分率（賞金）のどちらかが同じである場合，比較することは簡単である．しかし，両方とも違ってくると比較しにくくなるであろう．

　たとえば，**図 3.8** に示した IV と V のクジでは，どちらを選択するだろうか．確率，配分率いずれも異なるので，とりあえず期待値を計算することにしよう．

IV のクジ　$E(\text{IV}) = 100 \times 0.4 + 20 \times 0.6 = 52\,(\%)$

V のクジ　$E(\text{V}) = 60 \times 0.1 + 50 \times 0.9 = 51\,(\%)$

計算結果としては，IV のほうが期待値は大きい．したがって IV のクジを選択するかというと，必ずしもそうではないのである．むしろ，A 国の代表が賢明な政治家であるなら，期待値は低いかもしれないが V のクジを選択するであろう．なぜなら，IV では，失敗すれば配分率が 20% になり，かつ，成功の確率より失敗の確率のほうが高くなっているからである．一方，V では，少なくとも配分率 50% は確保できるのである．

しかし，だからといって，国を代表する政治家が全員 V のクジを選択するかというと，必ずしもそうではない．さて，どのように考えればよいのであろうか？

この問題のような選択は，その政治家がもっている「リスク回避」に対する考え方の程度によるものである．このことにより，期待値の法則に基づかない，その人間（集団）が主観的にもっている確からしさが，意思決定の際に重要な要素になっていることがわかる．このような確からしさを主観確率というが，この考えを用いた期待効用関数という概念より，先ほどのパラドックスは解決するのである．

一般に，お金をはじめいろいろな価値（この例における配分率など）の効用（満足度）は，その値が増えるにつれ，効用（満足度）の増加量は減ることが普通であろう．そこで，本稿（収益の配分率に関する例）における満足度（効用）の曲線（関数）を求めてみよう．

はじめに，最低の満足度（効用）を 0 とする．収益の配分率の例では，零パーセントがこれに当たる．したがって満足度（効用）S は，

$$S(0) = 0$$

となる．一方，最高の満足度（効用）を 1 とする．この例では，配分率 100% がこれに当たる．その満足度（効用）は，

$$S(100) = 1.0$$

となる．

次に，丁半賭博で，丁が出れば配分率 100% を獲得でき，半が出れば 0% になる賭けを想定する．この賭けと，確実にあるパーセントの配分率を獲得できる

場合とが同じ満足度（効用）になることがある．この場合の配分率がいくらくらいかを推定しよう．たとえば，80%の配分率が確実に獲得できるなら，このような賭けはしないであろう．また，20%の配分率しか確実に獲得できないのなら，この賭けに打って出るであろう．そこで，確実に獲得できる配分率を変えながら，この賭けとどちらがよいかを尋ねていく．このようにして，どちらでもよいと答えた配分率が40%なら，この値がA国の代表となった政治家の満足度（効用）を0.5とする．すなわち，

$$S(40) = 0.5$$

である．次に〔$S(0) = 0$〕と〔$S(40) = 0.5$〕とを考えて，丁が出れば40%の配分率，半が出れば0%になる賭けを想定する．この賭けと，確実に獲得できる配分率がいくらになれば，どちらでもよいかという質問を行い，その値が15%なら，

$$S(15) = 0.25$$

となる．次に〔$S(40) = 0.5$〕と〔$S(100) = 1.0$〕とを考えて，丁が出れば100%，半が出れば40%の配分率になる賭けを想定する．この賭けと，確実に獲得できる配分率がいくらになれば，どちらでもよいかという質問を行い，その値が60%なら，

$$S(60) = 0.75$$

となる．

次に，A国の代表の答えに整合性があるかどうかを検証しよう．つまり，満足度（効用）0.75と0.25の中間に満足度（効用）0.5があるかどうかをチェックする．そこで，A国の代表に再度「丁が出れば60%の配分率，半がでれば15%の配分率になる賭けと，確実に40%の配分率が得られるのとでは，どちらがよいか」と質問をする．どちらでもよいと答えれば，整合性があるといえる．もしそうでなければ，最初から答え直す必要がある．その結果，次の5点が満足度（効用）の点として定まった．

$$S(0) = 0,\ S(15) = 0.25,\ S(40) = 0.5,\ S(60) = 0.75,\ S(100) = 1$$

これらの点を結ぶと，A国の代表の配分率に対する「満足度の曲線」（効用の関数）が得られる（図**3.9**）．

図 3.9　効用関数

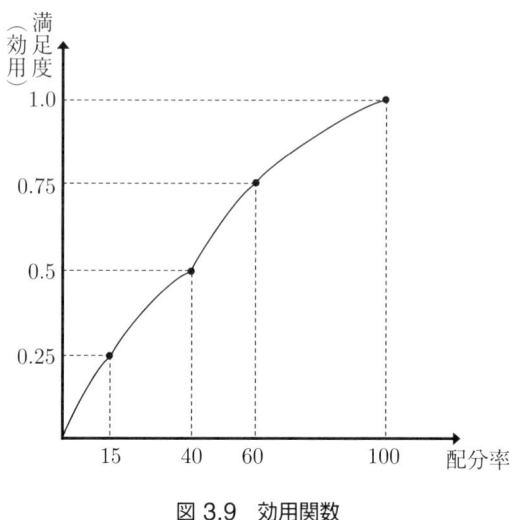

ところで，この効用関数を基にして，パラドックスに満ちた IV のクジと V のクジの比較評価を行ってみよう．ただし，**図 3.9** より，配分率 20%と 50%の満足度（効用）を推定すると，

$$S(20) = 0.3, \ S(50) = 0.65$$

となる．したがって，IV のクジと V のクジの期待効用値は，それぞれ次のようになる．

$$\text{IV のクジ} \quad E(\text{IV}) = 1.0 \times 0.4 + 0.3 \times 0.6 = 0.58$$
$$\text{V のクジ} \quad E(\text{V}) = 0.75 \times 0.1 + 0.65 \times 0.9 = 0.66$$

この結果，期待効用値は V のクジのほうが高くなり，常識的な選択結果と一致することがわかる．

ところで，実際にはどうなったのだろうか．A 国の代表は V のクジを引き，その結果，50%の配分率を獲得した（やはり，0.9 の確率のほうになった）．

A・B 両国は，仲良く半々の収益を得て，両国代表とも満足気でありました．メデタシメデタシ．

3.6 サービスサイエンスと線形計画法

本節では,線形計画法についてサービスサイエンスの視点から説明しよう.そこで,題材として「趣味」と「行政」という典型的なサービス財を取り上げ,線形計画法の主問題と双対問題の関係を解説することにする.

◆

テニスとマージャンの大好きな人がいる.週末になると,いつも迷ってしまう.土曜日はフルにマージャンをやって,日曜日はテニスにするか.それとも,マージャンは土曜日の午後だけにしてテニスの時間を増やすか….それに,費用のことも考えなければ….

この人の場合,ややテニスのほうが好きの度合いが強いということで,マージャンをしたときの満足度を「5」,テニスをして得られる満足度を「6」としよう.マージャンにしろテニスにしろ,あまり小刻みにやっては興が乗らないので,1回につき,マージャンが4時間,テニスは2時間,その費用はそれぞれ2千円,4千円とする.また総費用は2万円,週末の余暇時間は16時間である(**表 3.8** 参照).

では,最少の費用で最大の満足を得るためには,この人は,マージャンとテニスをそれぞれ何回ずつやったらよいであろうか?

まずこの問題を,線形関数を使って解いてみよう.マージャン,テニスの回数をそれぞれ x, y 回とするとして,そのときに得られる満足度の合計を z とすれば,

$$z = 5x + 6y \to \max$$

となる.このときの z を最大にすれば良いのであるが,余暇時間と費用はそれぞれ次のような制約条件がある.

- 余暇時間 16 時間以内:

$$4x + 2y \leq 16 \tag{3.13}$$

表 3.8 線形計画法主問題の諸数値

	時間	費用	満足度
マージャン	4 時間	2 千円	5
テニス	2 時間	4 千円	6

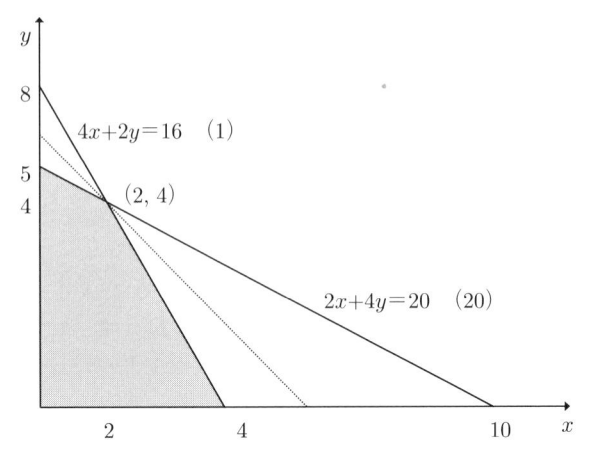

図3.10 線形計画法主問題の図解法

- 総費用は20（千円）以内：

$$2x + 4y \leq 20 \tag{3.14}$$

- x, y はともに正かゼロの数：

$$x \geq 0, \quad y \geq 0 \tag{3.15}$$

以上，3つの制約条件 (3.13), (3.14), (3.15) を満足する (x, y) の存在範囲は，図 **3.10** の影の付いた部分にある．

いま，満足度を表す式

$$z = 5x + 6y$$

を考えると，この直線が図の影の付いた部分と共通点をもつ限りにおいて z が最大となるのは，この利益を表す2直線

$$4x + 2y = 16$$
$$2x + 4y = 20$$

の交点 $(x = 4, y = 2)$ を通るときである．

したがって，最大の満足度は，マージャンを2回，テニスを4回するときであり，

表 3.9 線形計画法双対問題の諸数値

	経済政策	福祉政策	満足度水準
住民 A の満足度	4	2	5
住民 B の満足度	2	4	6

$$z = \underset{\text{「マージャン」}}{10} + \underset{\text{「テニス」}}{24} = 34$$

となる．

　以上で，友人の週末の過ごし方に関する問題は解決された．ところで，このような問題は，一般に線形計画法の問題と呼ばれ，経営のための数学の一分野としていろいろ研究されており，経済・政治・社会のあらゆる方面にその威力を発揮している．また，実際に線形計画法が適用される場合には，変数の数が 2 つや 3 つどころではなく，100 あるいはそれ以上もある場合が多く，近年はコンピュータの能力の向上により，それらの問題が速く正確に解けるようになってきた．また，本例は線形計画法主問題と呼ばれている．

　ところで，もう 1 つ事例問題を解くことにしよう．

◆

　ある地方の行政担当者は，予算の配分に苦慮していた．というのは，行政担当者として，2 つの視点を考慮して，共に満足する結果を決定しなければならないからである．1 つは経済活性化政策であり，もう 1 つは医療福祉政策である．どちらも重要であるが，その相対評価（2 つの政策の重み）を計算してみたいというのである．ところで行政評価は，まず「ムダ使い」を最小にしたいという観点から，政策実行にかかる費用を最小にするという関数を考えてみる．この行政主体にとって，経済活性化政策を 1 単位施行すると 1.6 億円の予算が必要であり，医療福祉政策を 1 単位施行すると 2 億円の予算が必要である．ところで，住民側 A（比較的若年層）にとっては，経済活性化政策 1 単位は「4」の満足度があり，医療福祉政策 1 単位は「2」の満足度があり，総満足度は「5 以上」が必要であることがわかっている．一方，住民側 B（比較的老年層）にとっては，経済活性化政策 1 単位は「2」の満足度があり，医療福祉政策 1 単位は「4」の満足度があり，総満足度は「6 以上」が必要であることがわかっている（**表 3.9** 参照）．

そこで，この行政担当者の思惑どおり，住民の満足度水準を確保しつつ行政費用が最小になるには，それぞれの政策をそれぞれ何単位実行すればよいのであろうか．前問と同じように線形計画法を使ってやってみることにしよう．

この問題も前問と同じように，線形関数を使って解いてみる．経済活性化政策 (x) を x 単位，医療福祉政策 (y) を y 単位施行したときの費用の合計を z^* とすると，

$$z^* = 16x + 20y \to \min$$

となる．このときの z^* を最小にすればよいのだが，住民 A，B の総満足度の制約条件はそれぞれ次のようになる．

- 住民 A の満足度 5 以上：
$$4x + 2y \geq 5 \tag{3.16}$$

- 住民 B の満足度 6 以上：
$$2x + 4y \geq 6 \tag{3.17}$$

- x, y はともに正かゼロの数：
$$x \geq 0, \quad y \geq 0 \tag{3.18}$$

以上 3 つの制約条件 (3.16), (3.17), (3.18) を満足する点 $\langle x, y \rangle$ の存在範囲は，図 **3.11** の影の付いた部分にあたる．

いま総費用を表す式

$$z^* = 16x + 20y$$

を考えると，この直線が図の影の付いた部分と共通点をもつ限りにおいて z^* が最小になるのは，この費用を表す直線が 2 直線

$$4x + 2y = 5$$
$$2x + 4y = 6$$

の交点 ($x = 2/3, y = 7/6$) を通るときである．したがって，最小の行政費用の均衡点は，経済活性化政策を 2/3 単位，医療福祉政策を 7/6 実行するときであり，

$$z^* = \underset{\text{政策 } x}{32/3} + \underset{\text{政策 } y}{70/3} = 102/3 = 34 \,(千万円)$$

図3.11 の中のラベル:
- $4x+2y \geqq 5$ (4)
- $(2/3, 7/6)$
- $2x+4y \geqq 6$ (5)

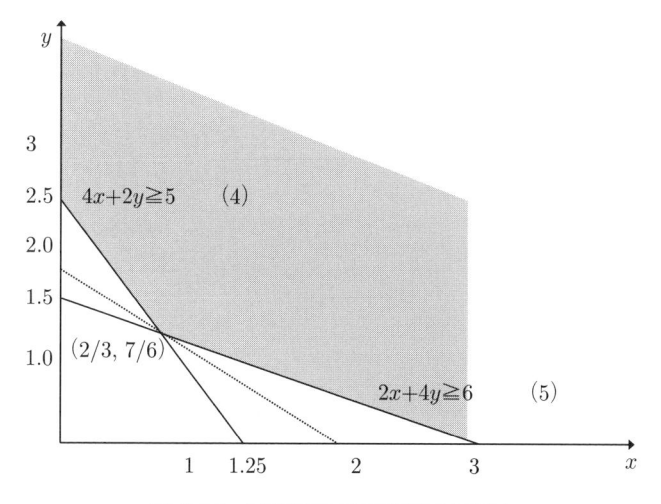

図 3.11　線形計画法双対問題の図解法

となる．
また，本例は，線形計画法双対問題と呼ばれている．

3.7　サービスサイエンスとファジィ積分

　本節では，あいまいな状況下における戦略としてのファジィ積分についてサービスサイエンスの視点から説明しよう．そこで，題材としては「鉄道のイメージ」というサービス財について解説することにする．

　まず，このファジィ積分の概念を鉄道のイメージ評価を例にして説明することにする．

◆

　さて，私は，以前関西のある鉄道会社に勤めていたことがある．したがって，鉄道の評価には，比較的きびしい目をもっていると自負している．そんなある時，某団体から，鉄道の総合的なイメージ評価を行ってくれないかと依頼を受けた．そこで早速，鉄道のイメージは，どのような要素から成り立ち，どのような計算過程で総合評価すればよいかを，多くの鉄道を例にして調査した．その結果，鉄道のイメージを構成している各要素は，

表 3.10 各要素の評点

鉄道のイメージを構成している各要素	評点
（Ⅰ）車内の乗客に対するイメージ	5
（Ⅱ）車内のインテリアに対するイメージ	8
（Ⅲ）車両の外観に対するイメージ	10
（Ⅳ）代表的な駅のイメージ	2
（Ⅴ）沿線の景観に対するイメージ	4
（Ⅵ）企業イメージ	6

（Ⅰ）車内の乗客に対するイメージ
（Ⅱ）車内のインテリアに対するイメージ
（Ⅲ）車両の外観に対するイメージ
（Ⅳ）代表的な駅のイメージ
（Ⅴ）沿線の景観に対するイメージ
（Ⅵ）企業イメージ

の6つであることがわかった．次に，これら6要素に対する各鉄道の評点を10点法でとった．ただし，この評価は，「好感度」（好ましさ）の尺度であり，10点は最高に好ましく，0点は全く好ましくないことを表している．その結果，ある鉄道会社のイメージの評点は**表 3.10**に示すようになった．そこで，これらのデータを基にして，某鉄道会社の総合評価を行ってみよう．

(1) 単純平均

最も簡単な総合評価は，各要素の単純平均である．この場合，総合評価値 E_1 は

$$E_1 = (5+8+10+2+4+6)/6 = 5.83 \tag{3.19}$$

となる．しかし実際には，各要素のウエイト（重み）は均一でなく，寄与率の大きい要素と小さい要素がある．そこで，次の総合評価は，それらを考慮した手法で行うことにする．

(2) 加重平均

各要素の評点に，その要素の寄与率の重みを掛けて，加重平均する．各要素の評点を $h(i)$ $(i=1,\ldots,n)$，各要素の寄与率の重みを $g(i)$ とすると，総合評

価値 E_2 は

$$E_2 = \sum_{i=1}^{n} h(i) \cdot g(i) \tag{3.20}$$

となる．この例 ($n=6$) において，$h(i)$ は定まっているが $g(i)$ は定まっていない．そこで，本書で紹介する AHP 手法 (4 章参照) により，各要素の寄与率の重みが次のように定まったと仮定する．

$$\begin{aligned}&g(\mathrm{I})=0.3,\ g(\mathrm{II})=0.1,\ g(\mathrm{III})=0.1,\\&g(\mathrm{IV})=0.15,\ g(\mathrm{V})=0.15,\ g(\mathrm{VI})=0.2\end{aligned} \tag{3.21}$$

これらの $g(i)$ 値により E_2 を求めると，

$$E_2 = 5 \times 0.3 + 8 \times 0.1 + 10 \times 0.1 + 2 \times 0.15 + 4 \times 0.15 + 6 \times 0.2 = 5.4$$

となる．ところで，この手法は，「分析と総合」に関して，きわめて形式的な立場をとっている．すなわち，各要素の評価を総計したものが全体の評価になり，全体の評価を分解すれば，各要素の評価になるということである．ところが，実際には，要素の総和をとったものが，必ずしも全体そのものにならないということを経験することが多々ある．というのは，各要素同士の相乗効果とか相殺効果などが起こるからである．つまり各要素は正しく評価されているのに，全体のイメージ評価は，各要素の評価を加重平均した値と一致しない場合があるのである．そこで，次の総合評価は，総合の仕方をうまく考慮した手法で行うことにする．

(3) ファジィ積分

　加重平均による総合評価の際，各要素の寄与率の重みを仮定した．例えば，車両の外観に対するイメージの重みは 10%，車内のインテリアに対するイメージの重みも 10% であった．ところが，この 2 つの要素を一緒にした寄与率の重みは $10+10=20$% ではなく，もっと大きいとみるほうが，どうも感覚に合っているようである (例えば 25% というように)．そこで，この鉄道のイメージの総合評価を行うためには，鉄道のイメージを構成している各要素のあらゆる組合せに対する寄与率の重み (これをファジィ測度という) を決めなければならない．

ところで，鉄道のイメージを構成している各要素としては，**表 3.10** に示したように，要素 I から要素 VI までを考えたのであった．ここではさらに，これらの要素それぞれの単独の寄与率（式 (3.21) に示した），それらの要素のなかから任意の 2 組，3 組，4 組，5 組，全部（6 要素とも）を合わせたものに対する寄与率を与えなければならない．実際の要素の組合せは，以下に示す 2^6 個である．

要素が 1 つもない集合：1 個
要素が 1 つだけの集合（I），（II），（III），（IV），（V），（VI）：6 個
要素が 2 つの集合（I+II），（I+III），（I+IV），（I+V），
　　　　　　　　（I+VI），（II+III），（II+IV），（II+V），
　　　　　　　　（II+VI），（III+IV），（III+V），（III+VI），
　　　　　　　　（IV+V），（IV+VI），（V+VI）：15 個
要素が 3 つの集合（集合の内容は省略）：${}_6C_3 = 20$ 個
要素が 4 つの集合（集合の内容は省略）：${}_6C_4 = 15$ 個
要素が 5 つの集合（I+II+III+VI+V），（I+II+III+IV+VI），
　　　　　　　　（I+II+III+V+VI），（I+II+IV+V+VI），
　　　　　　　　（I+III+IV+V+VI），（II+III+IV+V+VI）：6 個
6 つの要素全部の集合（I+II+III+IV+V+VI）：1 個

以上から，組合せは $2^6 = 64$ 個となる．一般的に，要素が n 個の場合，その部分集合は 2^n 個あり，この数の寄与率を与えなければならない．しかし，実際の計算のために，各要素の評点 $h(i)$ $(i = 1, \ldots, n)$ を大きい順に並べておけば，n 個の寄与率（ファジィ測度）を与えればよいことが証明されている．この例の場合，

$$h(\text{III}) > h(\text{II}) > h(\text{VI}) > h(\text{I}) > h(\text{V}) > h(\text{IV})$$

となる．したがって，次の 6 つの寄与率（ファジィ測度）が必要となり，これらの値を以下のように仮定する．

$$g(\text{III}) = 0.1, \ g(\text{III} + \text{II}) = 0.25, \ g(\text{III} + \text{II} + \text{VI}) = 0.5,$$
$$g(\text{III} + \text{II} + \text{VI} + \text{I}) = 0.8, \ g(\text{III} + \text{II} + \text{VI} + \text{V}) = 0.95,$$
$$g(\text{III} + \text{II} + \text{VI} + \text{I} + \text{V} + \text{IV}) = 1.0$$

次に，要素 I から VI の 6 つの要素の評点のなかで最低点は，要素 IV の 2 点

である．そこで，この 2 点に的を絞ると，他の要素の評点は，すべて 2 点よりも高い点になる．つまり 0～2 点の間には，すべての要素が含まれている．そこで，この間の評点は，2 点に（Ⅲ+Ⅱ+Ⅵ+Ⅰ+Ⅴ+Ⅳ）の寄与率 1.0 を掛けた値になる．結局，

$$E(1) = 2 \times g(Ⅲ + Ⅱ + Ⅵ + Ⅰ + Ⅴ + Ⅳ) = 2 \times 1.0 = 2.0$$

と表現できる．

次に低い評点は，要素 Ⅴ の 4 点である．つまり，2 点以上 4 点までには，要素（Ⅲ+Ⅱ+Ⅵ+Ⅰ+Ⅴ）が含まれている．そこで，この間の評点 $E(2)$ は，

$$E(2) = (4 - 2) \times g(Ⅲ + Ⅱ + Ⅵ + Ⅰ + Ⅴ) = 2 \times 0.95 = 1.9$$

となる．

同様にして，4 点以上 5 点までの部分評点 $E(3)$ は，

$$E(3) = (5 - 4) \times g(Ⅲ + Ⅱ + Ⅵ + Ⅰ) = 0.8$$

となる．

以下，5 点以上 6 点まで，6 点以上 8 点まで，8 点以上 10 点までのそれぞれの部分評価である $E(4), E(5), E(6)$ は

$$E(4) = (6 - 5) \times g(Ⅲ + Ⅱ + Ⅵ) = 0.5$$
$$E(5) = (8 - 6) \times g(Ⅲ + Ⅱ) = 0.5$$
$$E(6) = (10 - 8) \times g(Ⅲ) = 0.2$$

となる．

その結果，この鉄道のイメージの総合評価値は，

$$E_3 = E(1) + E(2) + E(3) + E(4) + E(5) + E(6) = 5.9$$

となる．この計算過程を図 **3.12** に示した．こういう計算のやり方をファジィ測度 $g(i)$ によるファジィ積分という．

3.8 サービスサイエンスと最適化問題

本節では，最適化のための戦略としての動的計画法についてサービスサイエ

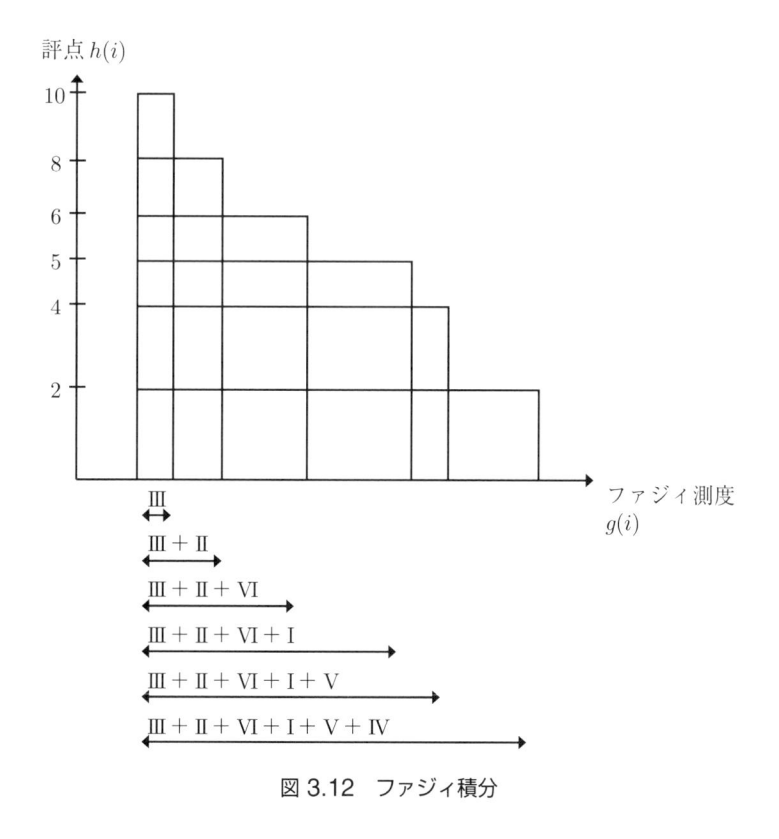

```
評点 h(i)
 10
  8
  6
  5
  4
  2
                                    ファジィ測度
                                       g(i)
     Ⅲ
    ←→
     Ⅲ + Ⅱ
    ←―――→
     Ⅲ + Ⅱ + Ⅵ
    ←―――――→
     Ⅲ + Ⅱ + Ⅵ + Ⅰ
    ←――――――――→
     Ⅲ + Ⅱ + Ⅵ + Ⅰ + Ⅴ
    ←―――――――――――→
     Ⅲ + Ⅱ + Ⅵ + Ⅰ + Ⅴ + Ⅳ
    ←――――――――――――――→
```

図 3.12　ファジィ積分

ンスの視点から説明しよう．そこで，題材として「レストラン」というサービス財にとって重要な「シェフ（フランス料理）」を選んで解説する．

◆

大阪市内に 3 つの高級レストランを所有しているオーナーは，腕の良いシェフ（フランス料理）を 8 人採用した．ところが，3 つの高級フランス風レストランにそれぞれ何人ずつ配置したらよいか迷ってしまった．ただし，各店には，最低一人は配置しなければならない．そこで，まず，それぞれの店に x_1, x_2, x_3 人のシェフを配置したときに増加する利益を試算し，**表 3.11** にまとめた．$g_1(x_1)$ とは，No.1 の店に x_1 人のシェフを配置したときの増加利益である．この数字は，過去の経験やカンをもとに，客のマーケットリサーチを行った末に出した結論である．さて，この数字をもとにしてオーナーは「増加総利益を最

表 3.11 増加利益表

x_1, x_2, x_3	1	2	3	4	5	6
$g_1(x_1)$	25	45	65	80	90	100
$g_2(x_2)$	10	40	70	100	120	140
$g_3(x_3)$	15	30	60	85	100	110

大にするためには，3つの高級レストランに8人のシェフをそれぞれ何人ずつ (x_1, x_2, x_3) 配分したらよいか」を知りたいのである．

このような相談を受けた私は，動的計画法（DP）と呼ばれる手法を使って，この問題を解決することにした．さて，どのような結論に達したのであろうか．

動的計画法（ダイナミック・プログラミング，略して DP：Dynamic Programming）は，ベルマンによって考えられた計画数学の一分野であり，多段階決定過程の問題を関数方程式に置き換える方法と，その解を求める方法について「最適性の原理」を用いた理論により組み立てられている．

いま，ある経済的資源 a を，そこからの利益が最大になるように N 個の経済活動に配分する問題を考える．この問題では，異なる経済活動が N 個あり，第1番目の経済活動，第2番目の経済活動，…，第 N 番目の経済活動にそれぞれ配分する資源量を $x_1, x_2, \ldots, x_N$ とする．そうすると，総資源量が a であるから次の式が成り立つ：

$$a = x_1 + x_2 + \cdots + x_N = \sum_{i=1}^{N} x_i \quad (x_i \geq 0) \tag{3.22}$$

ところで，第 i 番目の経済活動（資源配分量 x_i）から生まれる利得を $g_i(x_i)$ とすると，資源 a から得る総利得 I は

$$I = g_1(x_1) + g_2(x_2) + \cdots + g_N(x_N) = \sum_{i=1}^{N} g_i(x_i) \tag{3.23}$$

となる．したがって，以上の多段階決定問題は，制約条件 (3.22) のもとで，式 (3.23) の I を最大にすることである．

いま，経済資源 a からの総利得の最大値を $f_N(a)$ とすれば，$f_N(a)$ は次の式で表される：

$$f_N(a) = \max[g_N(x_N) + g_{N-1}(x_{N-1}) + \cdots + g_1(x_1)] \tag{3.24}$$

この式は,次のように書き換えることができる:

$$f_N(a) = \max[g_N(x_N) + \max\{g_{N-1}(x_{N-1}) + g_{N-2}(x_{N-2}) + \cdots + g_1(x_1)\}] \\ \begin{bmatrix} 0 \leq x_N \leq a \\ \sum_{i=1}^{N} x_i = a \\ x_i \geq 0 \end{bmatrix} \quad (3.25)$$

式 (3.25) は次のように解釈できるであろう.最適決定 $x_{N-1}, x_{N-2}, \ldots, x_1$ は,経済資源 $(a - x_N)$ を $(N-1)$ 段階の過程に対して行う最適配分を表すから,そのときの最大利得は,

$$f_{N-1}(a - x_N) = \max\{g_{N-1}(x_{N-1}) + g_{N-2}(x_{N-2}) + \cdots + g_1(x_1)\}$$

となる.さらに x_N $(0 \leq x_N \leq a)$ から生まれる利得は $g_N(x_N)$ であるから,式 (3.25) の総利得の最大値 $f_N(a)$ は,$g_N(x_N)$ と $f_{N-1}(a - x_N)$ の和として表せる.

$$f_N(a) = \max[g_N(x_N) + f_{N-1}(a - x_N)] \quad (N \geq 1) \quad (3.26)$$

式 (3.26) の関数方程式の正当性を証明するものとして,ベルマンは最適性の原理を説明している.最適性の原理とは,最初の状態と最初の決定がどのようなものであっても,残りの決定は最初の決定から生まれた状態に対して最適政策となっていなければならない,というものである.

上述した動的計画法(DP)をこの問題に適用すると,次のようになる:

この問題では,全経済資源 $a_N = 8$ $(N = 3)$ で与えられ,経済活動は No.1 の高級レストラン,No.2 の高級レストラン,No.3 の高級レストランの3段階である.増加総利益は,

$$f_N(a) = \max[g_1(x_1) + g_2(x_2) + g_3(x_3)] \quad (N = 3) \\ \begin{bmatrix} \sum_{i=1}^{3} x_i = 8 \\ x_i = \text{正の数} \end{bmatrix}$$

と表される.また,どの高級レストランにもシェフを最低一人は配置しなければならないので,各高級レストランのシェフの数は6人より多くなることはなく,制約条件として,

$$1 \leq x_i \leq 6,\ x_i = 正の整数 \quad (i = 1, 2, 3)$$

が与えられる．したがって，最適性の原理を適用すると，次の関数方程式が導かれる：

$$f_N(a_N) = \max[g_N(x_N) + f_{N-1}(a_N - x_N)]$$
$$\begin{bmatrix} 1 \leq x_N \leq 6 \\ x_N = 自然数 \end{bmatrix}$$

この問題を解く方法は，まず第1段階（No.1 の高級レストランの活動）だけを考え，最大増加利得を見つける．その次に，第2段階（No.1 と No.2 の高級レストランの活動）を考え，最大増加利益を見つける．最後に第3段階（No.1，No.2，No.3 の高級レストランの活動）を考え，総増加利益が最大になる配分を解くのである．

まず第1段階の最大増加利益 $f_1(a_1)$ は，次のようになる：

$$f_1(a_1) = \max[g_1(x_1)] = g_1(a_1) \quad (a_1 = 1, 2, 3, \ldots, 6)$$
$$\begin{bmatrix} x_1 = a_1 \\ x_1 = 正の数 \end{bmatrix}$$

$f_1(a_1)$ の値は，**表 3.11** の 1 行目の値である．

$$f_1(1) = 25,\ f_1(2) = 45,\ f_1(3) = 65,\ f_1(4) = 80,\ f_1(5) = 90,\ f_1(6) = 100$$

次に，第2段階の最大増加利益 $f_2(x_2)$ の値を計算すると，以下のようになる．

$$f_2(2) = \max[g_2(x_2) + f_1(a_2 - x_2)] \quad (a_2 = 2, 3, \ldots, 7)$$
$$[1 \leq x_2 \leq 6;\ x_2 = 自然数]$$

よって，各 a_2 の値に対する $f_2(x_2)$ の値を計算すると，

$$f_2(2) = g_2(1) + f_1(1) = 10 + 25 = 35$$
$$f_2(3) = \max[g_2(1) + f_1(2), g_2(2) + f_1(1)] = \max[55, 65] = 65$$
$$f_2(4) = \max[g_2(1) + f_1(3), g_2(2) + f_1(2), g_2(3) + f_1(1)]$$
$$\qquad = \max[75, 85, 95] = 95$$
$$f_2(5) = \max[g_2(1) + f_1(4), g_2(2) + f_1(3), g_2(3) + f_1(2), g_2(4) + f_1(1)]$$

$$= \max[90, 105, 115, 125] = 125$$
$$f_2(6) = \max[g_2(1) + f_1(5), g_2(2) + f_1(4), g_2(3) + f_1(3), g_2(4) + f_1(2),$$
$$g_2(5) + f_1(1)]$$
$$= \max[100, 120, 135, 145, 145] = 145$$
$$f_2(7) = \max[g_2(1) + f_1(6), g_2(2) + f_1(5), g_2(3) + f_1(4), g_2(4) + f_1(3),$$
$$g_2(5) + f_1(2), g_2(6) + f_1(1)]$$
$$= \max[110, 130, 150, 165, 165, 165] = 165$$

となる．

最後に，第3段階の総増加利益の最大値 $f_3(a_3)$ を計算する．

$$f_3(a_3) = \max[g_3(x_3) + f_2(a_3 - x_3)]$$
$$[1 \leq x_3 \leq 6,\ x_3 = 自然数]$$

$a_3 = 8$ に対する $f_3(a_3)$ は

$$f_3(8) = \max[g_3(1) + f_2(7), g_3(2) + f_2(6), g_3(3) + f_2(5), g_3(4) + f_2(4),$$
$$g_3(5) + f_2(3), g_3(6) + f_2(2)]$$
$$= \max[180, 175, 185, 180, 165, 145] = 185$$

ところで，いま求めた最大増加利益 $f_3(8) = 185$ は，次の式：

$$f_3(8) = g_3(3) + g_2(4) + f_1(1) = 185$$

（$g_2(4) + f_1(1)$ は $f_2(5)$，全体は $f_3(8)$）

により得られるのであるから，x_1, x_2, x_3 の値は，それぞれ $x_1 = 1, x_2 = 4, x_3 = 3$ となる．

したがって，全経済資源シェフ8人の最適配分問題はNo.1の高級レストランに1人，No.2の高級レストランに4人，No.3の高級レストランに3人をそれぞれ配置することにより，総増加利益の最大値185が得られる．最適配分が

わかったこのオーナー氏，さっそく各店の支配人にシェフの配属を指示したそうである．

3.9 サービスサイエンスとISM

　本節では，システム化のための戦略としてのISMモデルについて説明しよう．そこで，題材として「野球」というサービス財にとって重要な資源である「ドラフト選定」について解説することにする．

　意思決定には数学モデルを用いて，より客観的な方法で最適な階層構造を導出することが望まれる．このような場合に用いられる数学的手法とは，どのようなモデルであろうか？

　このような場合に用いられる数学的手法に，ISMモデルと呼ばれるものがある．ISMモデルは，ワーフィールドによって提唱された階層化モデルの頭文字をとった名称で，階層構造化手法の1つである．ところで，このモデルの特徴は，次に示すとおりである．

① 問題を明確にするためには多くの人の知恵を集める必要があるとする，参加型のシステムである．
② このようなブレーンストーミングで得られた内容を定性的な方法で構造化し，結果を視覚的（階層構造）に示すシステムである．
③ 手法としてはアルゴリズム的であり，コンピュータによるサポートを基本としている．

　このような手法を実際の問題に適用することにより，人間のもつ直感や経験的判断による認識のもつ矛盾点を修正し，問題をより客観的に明確にすることができる．

　次に，計算の手順を示す．まず何人かのメンバーを集め，ブレーンストーミングにより関連要素を抽出する．そしてこの要素の一対比較を行い，要素iが要素jに影響を与えていれば1，そうでなければ0として関係行列を作る．以下，図**3.13**を参照しながら読んでいただきたい．

　さて，ISMモデルの計算手順を，プロ野球におけるドラフト選択の要因分析

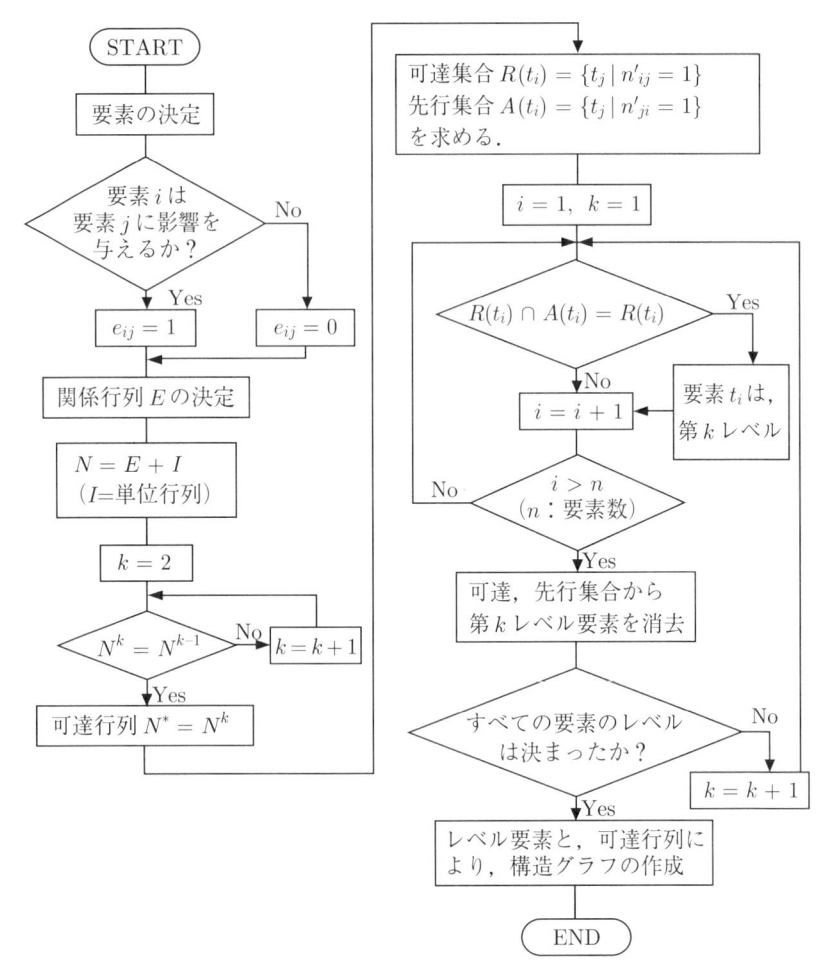

図 3.13 ISM の計算アルゴリズム

を例に説明する.

◆

　まず，何人かのメンバーを集め，ブレーンストーミングにより，ドラフト選択に関係すると思われる要素を抽出した．その結果は，**表 3.12** に示すようになった．ただし，要素の数は全部で 9 つである．次に，これら 9 つの要素の一対比較を行い，要素 i が要素 j に影響を与えていれば 1，そうでなければ 0 として関係行列（E）を作る．この例においては，**表 3.13** に示すようになった．

3.9 サービスサイエンスとISM

表 3.12 要素のリスト

番号	要素の内容
1	ドラフトの選択
2	将来性
3	アマ時代の状況
4	個人の資質
5	アマ時代の成績
6	学校(会社)における環境
7	スター性
8	性格
9	交友関係

表 3.13 関係行列

要素	1	2	3	4	5	6	7	8	9
1	0	0	0	0	0	0	0	0	0
2	1	0	0	0	0	0	0	0	0
3	1	0	0	0	0	0	0	0	0
4	1	0	0	0	0	0	0	0	0
5	1	0	1	0	0	0	0	0	0
6	1	0	1	0	0	0	0	0	0
7	1	0	0	1	0	0	0	0	0
8	1	0	0	1	0	0	0	0	0
9	1	0	0	1	0	0	0	0	0

そして,単位行列 I を加えて,

$$N = E + I \tag{3.27}$$

とする.

この N のベキ乗を次々と求め,可達行列 $N^{*1)}$ を計算する ($N^k = N^{k-1}$ となるまで計算する).この例の可連行列 N^* は表 3.14 に示すとおりである.

次に,この可達行列により,各要素 t_i に対して,

---

[1] 式 (3.27) のように $(E+I)$ を N と書くと,これを $(k-1)$ 回以上ベキ計算を行っても結果は変わらなくなる.ここで,k は E の次元である.すなわち,$N^{k-1} = N^k = N^{k+1}$ となる.このような行列を元の行列 E の可達行列と呼び,N^* と表す.ただし,この行列演算は,1(影響あり)と 0(影響なし)で行う.

表 3.14　可達行列

要素	1	2	3	4	5	6	7	8	9
1	1	0	0	0	0	0	0	0	0
2	1	1	0	0	0	0	0	0	0
3	1	0	1	0	0	0	0	0	0
4	1	0	0	1	0	0	0	0	0
5	1	0	1	0	1	0	0	0	0
6	1	0	1	0	0	1	0	0	0
7	1	0	0	1	0	0	1	0	0
8	1	0	0	1	0	0	0	1	0
9	1	0	0	1	0	0	0	0	1

表 3.15　可達集合と先行集合

t_i	$R(t_i)$	$A(t_i)$	$R(t_i) \cap A(t_i)$
1	①	①, 2, 3, 4, 5, 6, 7, 8, 9	1
2	①, 2	2	2
3	①, 3	3, 5, 6	3
4	①, 4	4, 7, 8, 9	4
5	①, 3, 5	5	5
6	①, 3, 6	6	6
7	①, 4, 7	7	7
8	①, 4, 8	8	8
9	①, 4, 9	9	9

$$可達集合 \quad R(t_i) = \{t_j \mid n_{ij}' = 1\} \tag{3.28}$$

$$先行集合 \quad A(t_i) = \{t_j \mid n_{ji}' = 1\} \tag{3.29}$$

を求める．このことを簡単に言えば，可達集合 $R(t_i)$ を求めるには，各行を見て「1」になっている列を集めればよく，先行集合 $A(t_i)$ を求めるには，各列を見て「1」になっている行を集めればよい．この例における各要素の可達集合と先行集合は**表 3.15** に示すとおりである．

各要素の階層構造におけるレベルの決定はこの可達集合 $R(t_i)$ と先行集合 $A(t_i)$ により，

$$R(t_i) \cap A(t_i) = R(t_i) \tag{3.30}$$

となるものを逐次求めていくものである．**表 3.15** において，(3.30) 式を満た

表 3.16 可達集合と先行集合

t_i	$R(t_i)$	$A(t_i)$	$R(t_i) \cap A(t_i)$
5	5	5	5
6	6	6	6
7	7	7	7
8	8	8	8
9	9	9	9

すものは要素1だけであるから，まず第1レベルが決まる．すなわち，

$$L_1 = \{1\}$$

である．次に，要素1を表 3.15 から消去（丸印を付ける）して，同じように，(3.30)式を満たす要素を抽出する．その結果，レベル2としては

$$L_2 = \{2, 3, 4\}$$

となる．次に，これらの要素 $\{2, 3, 4\}$ を消去すると，表 3.16 のようになる．

この表に対して，また (3.30) 式を適用すると，レベル3は

$$L_3 = \{5, 6, 7, 8, 9\}$$

となる．すなわち，この階層構造のレベルは3水準までとなる．これらのレベルごとの要素と表 3.14 に示した可達行列より，隣接するレベル間の要素の関係を示す[2]構造化行列が得られる．この例の場合，表 3.17 に示すようになる．

この構造化行列より階層構造が決定する．すなわち，レベル1である要素1の列を見ると $\{1, 2, 3, 4\}$ に1があり，レベル2である要素 2, 3, 4 と関連することがわかる．同様にして，要素3には要素 5, 6 が，要素4には要素 7, 8, 9 が関連していることがわかる．

以上，関連している要素間を線で結び，レベル1からレベル3の階層構造を図示したものが図 3.14 である．

3.10 サービスサイエンスと DEMATEL

本節では，システム化のための戦略としての DEMATEL モデルについて，

---

[2] 脚注1) で説明した可達行列により得られる行列は構造化行列と呼ばれ，この行列の列要素に1が入っている行項目がこの列項目に結わっていることを示している．

表 3.17 構造化行列

	1	2	3	4	5	6	7	8	9
1	1	0	0	0	0	0	0	0	0
2	1	1	0	0	0	0	0	0	0
3	1	0	1	0	0	0	0	0	0
4	1	0	0	1	0	0	0	0	0
5	0	0	1	0	1	0	0	0	0
6	0	0	1	0	0	1	0	0	0
7	0	0	0	1	0	0	1	0	0
8	0	0	0	1	0	0	0	1	0
9	0	0	0	1	0	0	0	0	1

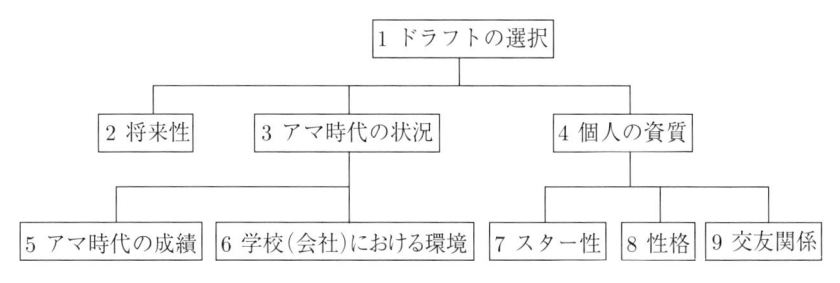

```
                    ┌─ 1 ドラフトの選択 ─┐
            ┌───────┼───────────────────┼───────────┐
        2 将来性  3 アマ時代の状況           4 個人の資質
                    ┌───┴───┐         ┌─────┼─────┐
            5 アマ時代の成績 6 学校(会社)における環境 7 スター性 8 性格 9 交友関係
```

図 3.14 ドラフト選択に関する階層構造

サービスサイエンスの視点から説明しよう．そこで，題材として「クライシスマネジメント」というサービス財について解説することにする．

システム化のための意思決定モデルとして，システム工学における階層構造化手法の中に DEMATEL と呼ばれるものがある．DEMATEL とはどのような手法であろうか．

DEMATEL 法は，専門的知識をアンケートという手段により集約することによって問題の構造を明らかにするものであり，問題複合体の本質を明確にし，共通の理論を集める手法である．この手法は，スイスのバテル研究所が世界的複合問題（世界的な問題：南北問題，東西問題，資源・環境問題など）を分析するために開発したものである．

すなわち，システムが大きくなると，そのシステムを構成している各要素，およびそれらの結合状態を認識することが難しくなる．このような場合，各要素の関係を効率よく作成する手法が開発されている．これはシステムの構造解

析あるいは構造化と呼ばれているが，この中には前に紹介した ISM と今回の DEMATEL がある．ただし，DEMATEL が ISM と異なるのは，以下の3点である．

(1) 要素間の一対比較アンケートにおいて，ISM では 1 か 0 で答えているのに対して，DEMATEL では，0, 2, 4, 8（あるいは 1, 2, 3, 4）といういくつかの段階で答えている．
(2) (1) の一対比較を行う際，ISM では人間とコンピュータが対話的に進めていくが，DEMATEL では専門家へのアンケートにより処理する．
(3) ISM では，要素間の関係に推移性を仮定しているが，DEMATEL では，このような仮定は設けず，(1) で得られた行列（クロスサポート行列と呼ぶ）を処理して，システムの構造を表現している．

さて，この DEMATEL 法は，世界的複合問題のほか，環境アセスメント，都市再開発問題，学校における教科カリキュラムの編成，競技者ランキング問題などに適用されている．

次に，DEMATEL 法の数学的背景と計算手順を説明しよう．まず，与えられた問題に対する要素をこの問題に関する専門家に抽出してもらう．そして，この要素間の一対比較を行い，要素 i が要素 j にどれくらい直接影響（寄与）しているかを a_{ij} で表し，行列 $\boldsymbol{A}$（クロスサポート行列）を作る．成分 a_{ij} は要素 i が要素 j に与える直接影響（寄与）の程度を示している．もちろん，これらの一対比較もこの問題の専門家にアンケートを行い作成するものであるが，専門家は次に示すような形容尺度に伴う数値により各影響（寄与）の程度 a_{ij} を評価する．

　　非常に大きい直接影響（寄与）：8
　　かなりの直接影響（寄与）：4
　　ある程度の直接影響（寄与）：2
　　無視しうる直接影響（寄与）：0

このほかにも尺度として，4, 3, 2, 1 が用いられることがある．
ところで，行列 $\boldsymbol{A}$ は直接影響（寄与）のみを表しているので，各要素間の間

接的影響（寄与）をも表現することを考える．そこで，まず行列 $\boldsymbol{A}=[a_{ij}]$ から直接影響行列 $\boldsymbol{D}$ を次式により定義する（ただし，s は尺度因子といい，後で詳しく説明する）．

$$\boldsymbol{D} = s \cdot \boldsymbol{A} \quad (s > 0) \tag{3.31}$$

あるいは，

$$d_{ij} = s \cdot a_{ij}, \quad (s > 0;\ i,j = 1,2,\ldots,n) \tag{3.32}$$

すなわち，この行列は，各要素間の直接的な影響の強さを相対的に表示したものである．

次に，この行列 $\boldsymbol{D}$ の行和

$$d_{is} = \sum_{j=1}^{n} d_{ij} \tag{3.33}$$

は，要素 i が他のすべての要素に与える尺度付けられた直接的影響の総計を示している．また一方，行列 $\boldsymbol{D}$ の列和

$$d_{sj} = \sum_{i=1}^{n} d_{ij} \tag{3.34}$$

は，要素 j が他のすべての要素から受ける取る尺度付けられた直接的影響の総計を示している．また，式 (3.33) と (3.34) の和，すなわち

$$d_i = d_{is} + d_{sj}$$

を要素 i の尺度付けられた直接的影響強度という．さらに次式で定義される $W_i(d)$ は

$$W_i(d) = \frac{d_{is}}{\sum_{i=1}^{n} d_{is}} \tag{3.35}$$

となり，要素 i の直接の影響を与える観点からの正規化された重みである．そして，

$$V_j(d) = \frac{d_{sj}}{\sum_{j=1}^{n} d_{sj}} \tag{3.36}$$

は，要素 j の直接の影響を受ける観点からの正規化された重みである．

次に $\boldsymbol{D}^2$ の (i,j) 要素を $d_{ij}^{(2)}$ と書けば,

$$d_{ij}^{(2)} = \sum_{k=1}^{n} d_{ik} \cdot d_{kj} \tag{3.37}$$

を得る. クロスサポート行列 $\boldsymbol{A}$ の各要素間においては推移関係が成立するので, 2 段階による間接的な影響が 2 つの直接的な影響の積, すなわち $d_{ik} \cdot d_{kj}$ により表せる. したがって, $\boldsymbol{D}^2$ の要素 $d_{ij}^{(2)}$ は, 要素 i から要素 j への他のすべての要素 $(k=1,2,\ldots,n)$ を通じての 2 段階による影響の程度を示している. 同様にして, $\boldsymbol{D}^m$ の (i,j) 要素 $d_{ij}^{(m)}$ は, m 段階での要素 i から要素 j への間接的な影響の程度を示すことになる. したがって,

$$\boldsymbol{D} + \boldsymbol{D}^2 + \cdots + \boldsymbol{D}^m = \sum_{i=1}^{m} \boldsymbol{D}^i \tag{3.38}$$

は, m 段階までの直接と間接の影響の総和を示す. そこで, 各要素間の直接と間接の影響を測る全影響行列を $\boldsymbol{F}$ とすれば, $m \to \infty$ のとき $\boldsymbol{D}^m \to 0$ となるならば,

$$\boldsymbol{F} = \sum_{i=1}^{\infty} \boldsymbol{D}^i = \boldsymbol{D}(\boldsymbol{I} - \boldsymbol{D})^{-1} \tag{3.39}$$

となる. ここで $\boldsymbol{I}$ は単位行列である. すなわち, 全影響行列 $\boldsymbol{F}$ は, 要素 i から要素 j への他のすべての要素を通じての直接と間接の影響すべての強さを表すものである.

次に示す行列 $\boldsymbol{H}$

$$\boldsymbol{H} = \sum_{i=2}^{\infty} \boldsymbol{D}^i = \boldsymbol{D}^2 (\boldsymbol{I} - \boldsymbol{D})^{-1} \tag{3.40}$$

は式からも明らかなように, 全影響行列 $\boldsymbol{F}$ から直接影響行列 $\boldsymbol{D}$ を取り除いて得られる要素間の間接的な影響の強さのみを表すものである. この行列を間接影響行列と呼んでいる.

行列 $\boldsymbol{F} = [f_{ij}]$ と $\boldsymbol{H} = [h_{ij}]$ の第 i 行の和

$$f_{is} = \sum_{j=1}^{n} f_{ij}, \quad h_{is} = \sum_{j=1}^{n} h_{ij} \tag{3.41}$$

は，要素 i が他の要素に与える直接および間接影響の総計（f_{is}）と間接影響の総計（h_{is}）を示している．一方，行列 $\boldsymbol{F} = [f_{ij}]$ と $\boldsymbol{H} = [h_{ij}]$ の第 j 列の和

$$f_{sj} = \sum_{i=1}^{n} f_{ij}, \quad h_{sj} = \sum_{i=1}^{n} h_{ij} \tag{3.42}$$

は，要素 j が他の要素から受け取る直接および間接影響の総計（f_{sj}）と間接影響の総計（h_{sj}）を示している．また，式 (3.41) と式 (3.42) の和，すなわち，

$$f_i = f_{is} + f_{sj}, \quad h_i = h_{is} + h_{sj} \tag{3.43}$$

を要素 i の全影響強度（f_i）と間接的影響強度（h_i）と呼んでいる．さらに，次式で定義される $W_i(f), W_i(h)$ は，

$$W_i(f) = \frac{f_{is}}{\sum_{i=1}^{n} f_{is}} \tag{3.44}$$

$$W_i(h) = \frac{h_{is}}{\sum_{i=1}^{n} h_{is}} \tag{3.45}$$

となり，それぞれ要素 i の直接および間接の影響を与える観点からの正規化された重み $W_i(f)$ と，要素 i の間接の影響を与える観点からの正規化された重み $W_i(h)$ を表している．

そして，

$$V_j(f) = \frac{f_{sj}}{\sum_{j=1}^{n} f_{sj}} \tag{3.46}$$

$$V_j(h) = \frac{h_{sj}}{\sum_{j=1}^{n} h_{sj}} \tag{3.47}$$

は，それぞれ要素の直接および間接の影響を受ける観点からの正規化された重み $V_j(f)$ と，要素 j の間接の影響を受ける観点からの正規化された重み $V_j(h)$ を表している．

次に，尺度因子 s について考えることにしよう．先に述べた $m \to \infty$ のとき，

$D^m \to 0$ になるという仮定は,「間接的影響は因果の連鎖が長くなるにつれて減少していく」という経験的事実によっている.この仮定は,行列 D の尺度因子 s をどのように選ぶかということに関する情報を与える.

ところで,行列理論の定理によれば,行列 D のスペクトル半径 $\rho(D)$ が 1 より小さいとき,式 (3.39) に示した級数 $F = \sum_{i=1}^{\infty} D_i$ は $D(I - D)^{-1}$ に収束することがわかっている.また,$\rho(D)$ の上限は次式より簡単に与えられる.

$$\rho(D) \leq \max_{1 \leq i \leq n} \sum_{j=1}^{n} |d_{ij}| = s \cdot \max_{1 \leq i \leq n} \sum_{j=1}^{n} |a_{ij}| \tag{3.48}$$

または,

$$\rho(D) \leq \max_{1 \leq j \leq n} \sum_{i=1}^{n} |d_{ij}| = s \cdot \max_{1 \leq j \leq n} \sum_{i=1}^{n} |a_{ij}| \tag{3.49}$$

となる.

これから,級数 ρ が収束するためには,尺度因子 s が

$$0 < s < \sup \tag{3.50}$$

の区間で与えられることが条件になる.ただし,sup は,

$$\sup = \frac{1}{\max_{1 \leq i \leq n} \sum_{j=1}^{n} |a_{ij}|} \tag{3.51}$$

または,

$$\sup = \frac{1}{\max_{1 \leq j \leq n} \sum_{i=1}^{n} |a_{ij}|} \tag{3.52}$$

で与えられる.ここで s の値を変化させることにより,推移性の程度や間接的影響の程度を制御することができる.もし s を小さく選べば,間接的影響に比べて相対的に低くなる.通常,尺度因子 s は,式 (3.52) で与えられる上限 sup か,この 1/2, 3/4 を与える.

DEMATEL の計算手順を図にすると,図 **3.15** に示すようになる.出力として,直接影響行列 D,全影響行列 F,間接影響行列 H より,要素 i から j の

```
          ┌─────────────────┐
          │   問題の設定    │
  INPUT → │   要素の抽出    │
          │ クロスサポート  │
          │   行列の作成    │
          └────────┬────────┘
                   ↓
          ┌─────────────────┐
          │  尺度因子 s の決定 │
          └────────┬────────┘
```

┌──────────────────────┬──────────────────────┬──────────────────────┐
│ 直接影響行列 D の計算 │ 全影響行列 F の計算 │ 間接影響行列 H の計算 │
│ d_{is}, d_{sj}, d_i の計算 │ f_{is}, f_{sj}, f_i の計算 │ h_{is}, h_{sj}, h_i の計算 │
│ $W_i(d)$, $V_j(d)$ の計算 │ $W_i(f)$, $V_j(f)$ の計算 │ $W_i(h)$, $V_j(h)$ の計算 │
└──────────────────────┴──────────────────────┴──────────────────────┘

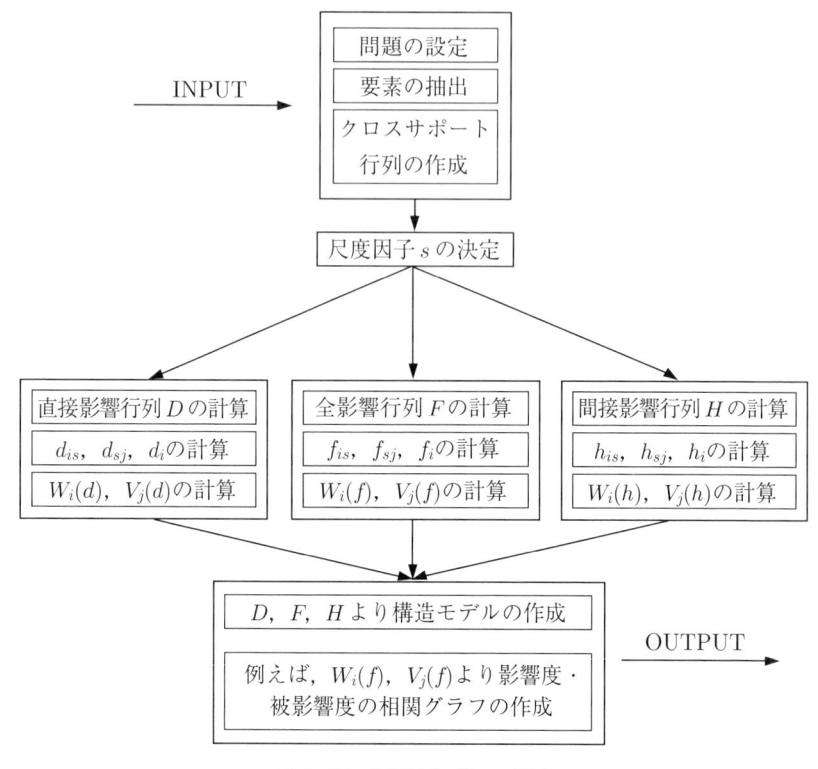

```
          ┌─────────────────────────────────┐
          │ $D$, $F$, $H$ より構造モデルの作成 │
          │ 例えば, $W_i(f)$, $V_j(f)$より影響度・│ → OUTPUT
          │  被影響度の相関グラフの作成     │
          └─────────────────────────────────┘
```

図 3.15　DEMATEL の計算

影響度をあるしきい値で切り，それより強い影響のあるものだけを関係ありとすると，3 種類の構造化グラフ（直接影響，全影響，間接影響）が作成される．さらに，例えば，要素 i の直接および間接の影響を与える観点からの正規化された重み $W_i(f)$ と要素 j の直接および間接の影響を受ける観点からの正規化された重み $V_j(f)$ の相関グラフが作成される．この場合，このグラフは縦軸に W_i（影響度），横軸に V_j（被影響度）として表示される．

次に DEMATEL の例を示そう．

◆

21 世紀になり，米国での 9.11 テロを皮切りに，北朝鮮問題，イラク戦争と地球規模での危機が充満している．しかも，中東問題（イスラエル問題）は一触即発の危機にあり，核の脅威はいまだに存在し，地球環境の悪化は日増しにエ

表 3.18　クロスサポート行列

	1	2	3	4	5	6	7	8	9	10
1. 核戦争	0	0	8	0	0	8	4	4	4	2
2. オゾン層の破壊	0	0	0	0	0	8	0	0	2	0
3. 食糧不足	0	0	0	0	0	0	0	2	2	4
4. 人口問題	0	0	4	0	0	2	4	0	0	2
5. 人類の軽薄化	0	2	2	2	2	2	2	4	4	4
6. 地球の汚染	0	0	4	0	0	0	0	0	4	0
7. 資源問題	4	0	2	0	0	2	0	4	0	0
8. 政治の腐敗	2	0	0	2	0	0	2	0	0	4
9. 疫病	0	0	0	0	0	0	0	0	0	2
10. 犯罪の増加	0	0	0	0	4	0	0	2	0	0

スカレートしているようである．

そこで，このような地球の危機，人類の危機に対する問題の構造解析を，DEMATELを用いて行うことにする．

まず，このテーマに関する問題項目を抽出する．それらは，次の10項目であろう．すなわち，核戦争，オゾン層の破壊，食糧不足，人口問題，人類の軽薄化，地球の汚染，資源問題，政治の腐敗，疫病，犯罪の増加である．

次に，これら10項目間のクロスサポート行列を作成する．すなわちi番目の項目がj番目の項目にどれくらい直接影響を与えているかの調査である．その結果は表 3.18に示すとおりである（ただし，これら10項目の抽出や，各項目間のクロスサポート行列の値は，著者が適当に作成したものであり，特に意味のある数字ではないことをお断りしておく）．

さて，表 3.18に示したクロスサポート行列の値より計算した上限のsupは，0.04167である．そこで，この例における尺度因子sには，この値（0.0417）を採用することにする．その結果，直接影響行列D，全影響行列F，間接影響行列Hは，それぞれ表 3.19，表 3.20，表 3.21に示すようになった．これら3つの行列より，3種類の構造化グラフを作成する．その際，しきい値は，直接影響行列（$p=0.12$），全影響行列（$p=0.2$），間接影響行列（$p=0.08$）とする．すなわち，しきい値以上の影響度のある(i,j)要素のみを関係ありとする構造化グラフを作成した．それらは，図 3.16（直接影響行列），図 3.17（全影響行列），図 3.18（間接影響行列）に示すとおりである．

第 3 章 意思決定手法によるサービスの価値計測例

表 3.19 直接影響行列

	1	2	3	4	5	6	7	8	9	10
1	0.000	0.000	0.333	0.000	0.000	0.333	0.167	0.167	0.167	0.083
2	0.000	0.000	0.000	0.000	0.000	0.333	0.000	0.000	0.083	0.000
3	0.000	0.000	0.000	0.000	0.000	0.000	0.000	0.083	0.083	0.167
4	0.000	0.000	0.167	0.000	0.000	0.083	0.167	0.000	0.000	0.083
5	0.000	0.083	0.083	0.083	0.083	0.083	0.083	0.167	0.167	0.167
6	0.000	0.000	0.167	0.000	0.000	0.000	0.000	0.000	0.167	0.000
7	0.167	0.000	0.083	0.000	0.000	0.083	0.000	0.167	0.000	0.000
8	0.083	0.000	0.083	0.000	0.000	0.083	0.000	0.000	0.000	0.167
9	0.000	0.000	0.000	0.000	0.000	0.000	0.000	0.000	0.000	0.083
10	0.000	0.000	0.000	0.000	0.167	0.000	0.000	0.083	0.000	0.000

表 3.20 全影響行列

	1	2	3	4	5	6	7	8	9	10
1	0.052	0.003	0.458	0.003	0.040	0.393	0.179	0.270	0.286	0.240
2	0.001	0.000	0.057	0.000	0.004	0.335	0.001	0.008	0.145	0.024
3	0.001	0.003	0.019	0.003	0.034	0.017	0.005	0.110	0.095	0.203
4	0.035	0.002	0.221	0.002	0.024	0.118	0.175	0.069	0.048	0.143
5	0.041	0.094	0.184	0.094	0.132	0.178	0.117	0.255	0.248	0.294
6	0.002	0.001	0.170	0.001	0.008	0.003	0.001	0.020	0.183	0.049
7	0.192	0.001	0.199	0.001	0.016	0.171	0.034	0.232	0.080	0.097
8	0.091	0.003	0.144	0.003	0.036	0.124	0.019	0.054	0.054	0.218
9	0.001	0.001	0.003	0.001	0.015	0.003	0.002	0.011	0.004	0.089
10	0.014	0.015	0.040	0.015	0.177	0.038	0.020	0.127	0.043	0.064

表 3.21 間接影響行列

	1	2	3	4	5	6	7	8	9	10
1	0.052	0.003	0.142	0.003	0.040	0.060	0.013	0.103	0.119	0.156
2	0.001	0.000	0.057	0.000	0.004	0.001	0.001	0.008	0.061	0.024
3	0.001	0.003	0.019	0.003	0.034	0.017	0.005	0.027	0.012	0.036
4	0.035	0.002	0.054	0.002	0.023	0.035	0.008	0.069	0.048	0.059
5	0.041	0.012	0.102	0.012	0.056	0.096	0.034	0.090	0.083	0.129
6	0.002	0.001	0.004	0.001	0.008	0.003	0.001	0.020	0.016	0.049
7	0.025	0.001	0.116	0.001	0.016	0.088	0.034	0.065	0.080	0.097
8	0.008	0.003	0.061	0.003	0.036	0.041	0.019	0.055	0.054	0.051
9	0.001	0.011	0.004	0.001	0.015	0.003	0.002	0.011	0.004	0.005
10	0.014	0.016	0.043	0.016	0.025	0.040	0.021	0.047	0.046	0.067

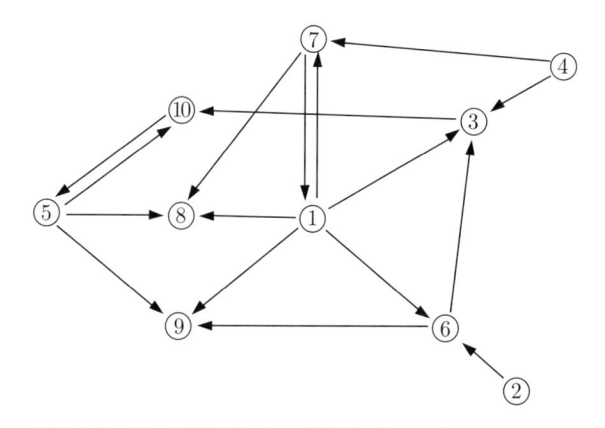

図 3.16 直接影響行列 D の構造化グラフ（$p = 0.120$）

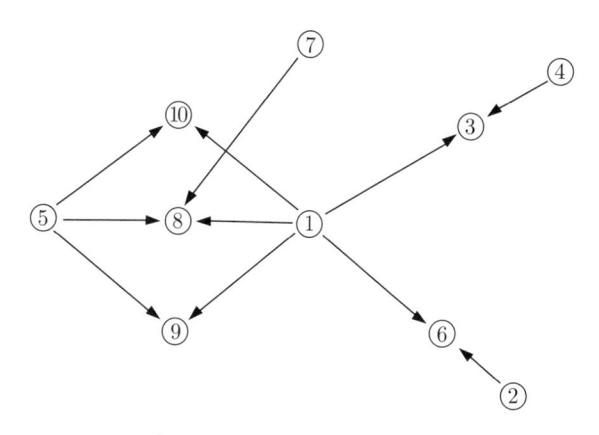

図 3.17 全影響行列 F の構造化グラフ（$p = 0.2$）

次に，項目 i の直接および間接の影響（全影響）を与える観点からの正規化された重み $W_i(f)$ と要素 j の直接および間接の影響（全影響）を受ける観点からの正規化された重み $V_j(f)$ の相関グラフを作成した．その結果は図 **3.19** に示したとおりである．このグラフより，項目 9 である疫病は，他の項目からの影響を強く受けながらも，他の項目にあまり影響を与えていないことが視覚的にとらえられる．これとは対照的に，項目 1 である核戦争は他の項目に多大な影響を与えているが，他の項目からあまり影響を受けていないことがわかるであろう．また，これら 10 項目を比較的影響度の強いグループと被影響度の強い

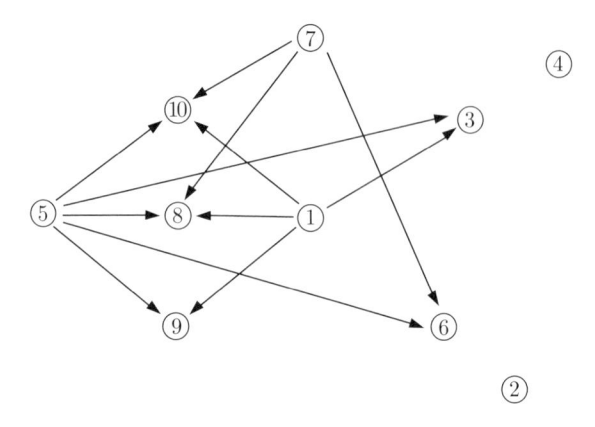

図 3.18　間接影響行列 H の構造化グラフ（$p = 0.08$）

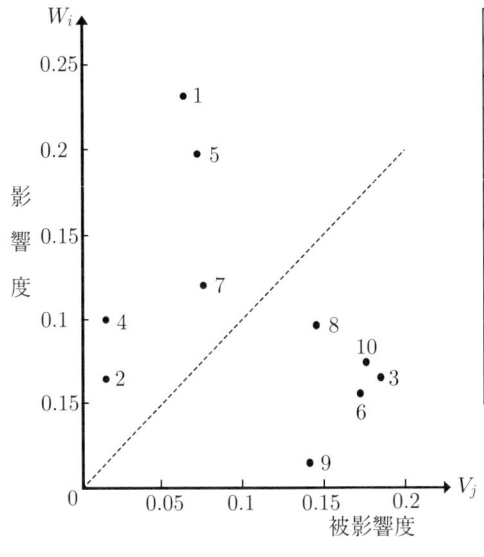

	V_j 被影響度	W_i 影響度
1	0.052	0.230
2	0.015	0.069
3	0.179	0.06
4	0.015	0.1
5	0.058	0.196
6	0.165	0.052
7	0.066	0.122
8	0.138	0.089
9	0.142	0.015
10	0.17	0.066

図 3.19　相関グラフ

グループに分けると，前者のグループに項目 1（核戦争），項目 2（オゾン層の破壊），項目 4（人口問題），項目 5（人類の軽薄化），項目 7（資源問題）が入り，後者のグループに，項目 3（食糧不足），項目 6（地球の汚染），項目 8（政治の腐敗），項目 9（疫病），項目 10（犯罪の増加）が入ることがわかる．

第4章 AHPによるサービスの価値計測例

4.0 本章のランドスケープ

　前章に引き続いて本章では，種々のAHP手法によるサービスの価値計測例の事例を取り上げることにする．これらを通じて，サービスの価値計測に優れた結果をもたらすAHP手法の真髄をご理解いただきたい．

4.1 サービスサイエンスとAHP

　本節では，AHPという不確実な状況や多様な評価基準における意思決定手法を紹介する．

　AHPは米国ピッツバーグ大学サーティ教授が提唱した手法であり，問題の分析において，主観的判断とシステムアプローチをうまくミックスした問題解決型の意思決定手法の1つである．このモデルの特徴は以下の4点にまとめられる：

(1) フィーリングを科学する．
(2) あいまいな状況をずばり解明する．
(3) 意思決定をゲーム感覚で行う．
(4) 多様化する価値観への対応を探る．

　次に，このAHP手法を簡単な例を挙げて説明することにしよう．

◆

　いま，日本が直面している問題に「携帯電話の自由化」がある．米国を代表とする世界の声は携帯電話の市場開放にある．そこで，このような問題をどの

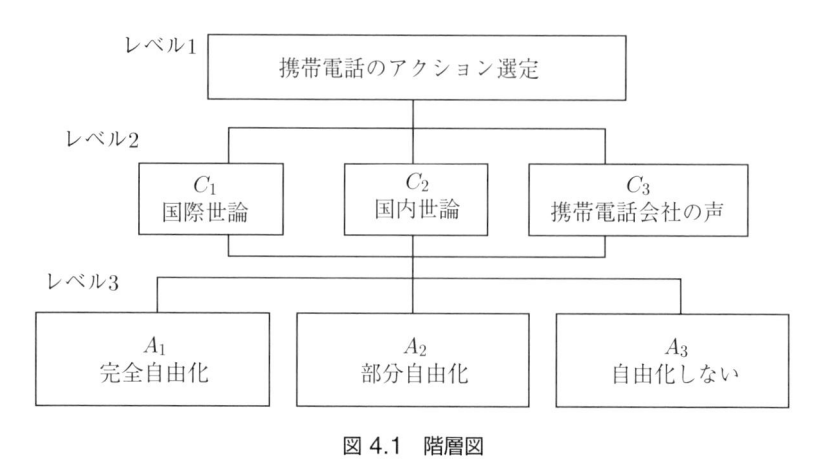

```
レベル1          ┌─────────────────┐
                 │ 携帯電話のアクション選定 │
                 └─────────────────┘
レベル2    ┌──────────┼──────────┐
       ┌───┴───┐  ┌───┴───┐  ┌────┴─────┐
       │  $C_1$  │  │  $C_2$  │  │   $C_3$    │
       │ 国際世論 │  │ 国内世論 │  │携帯電話会社の声│
       └───────┘  └───────┘  └──────────┘
レベル3  ┌───────┐  ┌───────┐  ┌───────┐
       │  $A_1$  │  │  $A_2$  │  │  $A_3$  │
       │完全自由化│  │部分自由化│  │自由化しない│
       └───────┘  └───────┘  └───────┘
```

図 4.1 階層図

ようにマネジメントするか，AHP で分析してみよう．ところで，AHP は次に示す3段階から成り立つ：

(1) 第1段階―[問題の階層化]

「携帯電話の自由化」に関する代替案（アクションプラン）として，A_1「国際世論優先（完全自由化）」，A_2「折ちゅう案（部分自由化）」，A_3「国内企業保護案（自由化しない）」の3つとする．また，以上示したアクションプランを選択する際の評価基準として，C_1（国際世論），C_2（国内世論），C_3（携帯電話会社の声）の3つとする．すなわち，階層の最上層（レベル1）は総合目的である「携帯電話の自由化」を，（レベル2）は3つの評価基準を，そして最下層（レベル3）には3つのアクションプランをそれぞれ置く．これらはすべて関連するので，線で結ばれる（図 4.1 参照）．

(2) 第2段階―[要素の一対比較]

次に，レベル2の3つの評価基準が相対的にどれだけアクションプラン選定に影響しているかを意思決定者は判断した．それには，これら3つの基準のうち2つずつを比べて表 4.1 のようにまとめる．

例えば，国際世論と国内世論を比べると，国際の世論のほうがやや重要と判断すれば，a_{12} は3となる（表 4.2 参照）．また，携帯電話会社の声より，国内

表 4.1 レベル 2 の各基準の一対比較

G	国際世論	国内世論	携帯電話会社の声
国際世論	1	3	7
国内世論	1/3	1	5
携帯電話会社の声	1/7	1/5	1

表 4.2 重要性の尺度と定義

尺度	定義
1	同じくらい重要 (equal importance)
3	少し重要 (weak importance)
5	かなり重要 (strong importance)
7	非常に重要 (very strong importance)
9	きわめて重要 (absolute importance)

(2, 4, 6, 8 は中間の時に用いる)
$a_{ji}=1/a_{ij}$

表 4.3 3 つの基準に関する代替案の一対比較

(a)

C_1	A_1	A_2	A_3
A_1	1	1	5
A_2	1	1	3
A_3	1/5	1/3	1

(b)

C_2	A_1	A_2	A_3
A_1	1	1/5	1
A_2	5	1	5
A_3	1	1/5	1

(c)

C_3	A_1	A_2	A_3
A_1	1	1/5	1/9
A_2	5	1	1/3
A_3	9	3	1

世論のほうがかなり重要と判断すれば，a_{23} は 5 となる．なお，a_{ii} は 1，a_{ji} は $1/a_{ij}$ と決めるので，全部で 3 回の一対（ペア）比較が必要である．ただし，重要でない尺度は分数を使う．

次に，図 4.1 のレベル 3 に示した 3 つのアクションプランを 1 つ上のレベルの要素（評価基準）のおのおのについて比較する．例えば，国際世論に関して，3 つのアクションプランを比較して表 4.3(a) を作る．1 行 3 列の「5」は代替案 A_3 に比べて A_1 は，国際世論に関してかなり重要であるという意味である．以下，同様にして，国内世論 (b)，携帯電話会社の声 (c) に関する一対比較を作る．

(3) 第 3 段階—[優先度の計算]

まず，図 4.1 のレベル 2 の 3 つの基準の総合目的に関する重みは，表 4.1 を

行列とみなすと,その最大固有値が 3.064 で,これに属する固有ベクトルとして,次のように求められる:

$$[0.649, 0.279, 0.072]$$

次に,レベル 3 の各アクションプラン $[A_1, A_2, A_3]$ のレベル 2 の各評価基準に関する重みを固有ベクトルの計算により以下のように求められる:

$$\text{国際世論 } [0.481, 0.405, 0.114]$$
$$\text{国内世論 } [0.143, 0.714, 0.143]$$
$$\text{携帯電話会社の声 } [0.063, 0.265, 0.672]$$

したがって,それらをまとめて A_1, A_2, A_3(3 つのアクションプラン)の総合評価は,次のようにまとめられる:

$$0.649 \begin{bmatrix} 0.481 \\ 0.405 \\ 0.114 \end{bmatrix} + 0.279 \begin{bmatrix} 0.143 \\ 0.714 \\ 0.143 \end{bmatrix} + 0.072 \begin{bmatrix} 0.063 \\ 0.265 \\ 0.672 \end{bmatrix} = \begin{matrix} A_1 \\ A_2 \\ A_3 \end{matrix} \begin{bmatrix} 0.356 \\ 0.482 \\ 0.162 \end{bmatrix}$$

このようにして,3 つのアクションプランの優先度が求められた.つまり,$A_2 > A_1 > A_3$ の選好順序であり,まず,携帯電話の部分自由化に踏み切ればよいことが分かる.

次に,AHP の数学的背景を述べ,各レベルの重みの計算法を説明する.

階層のあるレベルの要素 $A_1, A_2, \ldots, A_n$ のすぐ上のレベルの要素に対する重み $w_1, w_2, \ldots, w_n$ を求めたい.このとき A_i の A_j に対する重要度を a_{ij} とすれば,要素 $A_1, A_2, \ldots, A_n$ の一対比較行列は $\boldsymbol{A} = [a_{ij}]$ となる:

$$\boldsymbol{A} = [a_{ij}] = \begin{bmatrix} w_1/w_1 & w_1/w_2 & \cdots & w_1/w_n \\ w_2/w_1 & w_2/w_2 & \cdots & w_2/w_n \\ \vdots & \vdots & \ddots & \vdots \\ w_n/w_1 & w_n/w_2 & \cdots & w_n/w_n \end{bmatrix} \quad (4.1)$$

ただし,

$$a_{ij} = w_i/w_j,\ a_{ji} = 1/a_{ij},\ \boldsymbol{W}^{\mathrm{T}} = [w_1, w_2, \ldots, w_n] \quad (i, j = 1, 2, \ldots, n)$$

である.

ところで，この場合，すべての i, j, k について $a_{ij} \times a_{jk} = a_{ik}$ が成り立っている．これは意思決定者の判断が完全に首尾一貫しているということである．

この一対比較行列 $\boldsymbol{A}$ に重みベクトル $\boldsymbol{W}$ を掛けると，ベクトル $n \cdot \boldsymbol{W}$ が得られる．すなわち，$\boldsymbol{A} \cdot \boldsymbol{W} = n \cdot \boldsymbol{W}$ である．この式は固有値問題として，

$$(\boldsymbol{A} - n \cdot \boldsymbol{I}) \cdot \boldsymbol{W} = \boldsymbol{0} \tag{4.2}$$

と変形できる．ここで，$\boldsymbol{W} \neq \boldsymbol{0}$ が成り立つためには n が $\boldsymbol{A}$ の固有値にならなければならない．このとき $\boldsymbol{W}$ は $\boldsymbol{A}$ の固有ベクトルとなる．さらに，一対比較行列 $\boldsymbol{A}$ の階数は1であるから固有値 $\lambda_i \ (i = 1, 2, \ldots, n)$ は1つのみが非零の値となる．また，$\boldsymbol{A}$ の対角要素の和は n であるから，ただ1つの零でない λ_i の値は n となる．つまり，重みベクトル $\boldsymbol{W}$ は $\boldsymbol{A}$ の最大固有値 $\lambda_{\max}$ に対する正規化した固有ベクトルとなるのである．しかし，実際の複雑な状況下では $\boldsymbol{W}$ が未知であり，これを実際に得られた一対比較行列 $\boldsymbol{A}$ より求めなければならない．そこで，$\boldsymbol{A}$ の最大固有値を $\lambda_{\max}$ とすると，

$$\boldsymbol{A} \cdot \boldsymbol{W} = \lambda_{\max} \cdot \boldsymbol{W} \tag{4.3}$$

となり，これを解くことにより $\boldsymbol{W}$ を求めることができるのである．AHPは複雑な階層構造を構築する場合もあり，ある一対比較により得られた重みを順次総合目的から代替案まで掛けあわせていくことにより階層全体から見た重み，すなわち総合目的である代替案の優先順位付けをして選定を行うことができる．

また，状況が複雑になればなるほど意思決定者の答えは整合性に欠けてくる．一対比較行列 $\boldsymbol{A}$ が整合しなくなるにつれて $\lambda_{\max}$ は n より大きくなるのである．これは次式に示すサーティの定理より明らかになっている：

$$\lambda_{\max} = n + \sum_{i=1}^{n-1} \sum_{j=i+1}^{n} (w_j a_{ij} - w_i)^2 / w_i w_j a_{ij} n \tag{4.4}$$

以上から $\lambda_{\max} \geq n$ が成り立ち，等号成立条件は行列 $\boldsymbol{A}$ の整合性が完全に取れているときのみ成立する．サーティは，一対比較行列 $\boldsymbol{A}$ の整合性の尺度として **C.I. 値**（整合度指数）を次式のように定義している：

$$\text{C.I.} = \frac{\lambda_{\max} - n}{n - 1} \tag{4.5}$$

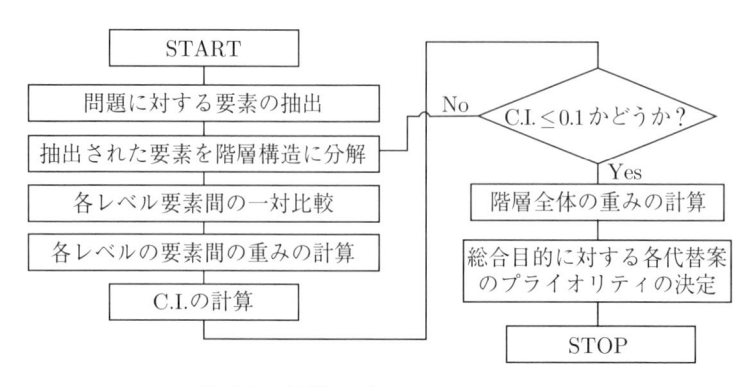

```
                    ┌─────────┐
                    │  START  │
                    └────┬────┘
                         │
              ┌──────────────────────┐
              │  問題に対する要素の抽出  │
              └──────────┬───────────┘
                         │
         ┌──────────────────────────────┐         ┌──────────────────────┐
         │ 抽出された要素を階層構造に分解 │◄── No ──│ C.I.≦0.1 かどうか？  │
         └──────────────┬───────────────┘         └──────────┬───────────┘
                        │                                    │ Yes
              ┌──────────────────────┐           ┌──────────────────────┐
              │  各レベル要素間の一対比較  │           │   階層全体の重みの計算   │
              └──────────┬───────────┘           └──────────┬───────────┘
                         │                                  │
              ┌──────────────────────┐           ┌──────────────────────┐
              │ 各レベルの要素間の重みの計算│           │  総合目的に対する各代替案 │
              └──────────┬───────────┘           │    のプライオリティの決定   │
                         │                       └──────────┬───────────┘
                ┌─────────────┐                             │
                │  C.I.の計算  │─────────────────────┐      │
                └─────────────┘                     │      │
                                                    ▼      ▼
                                                 ┌─────────┐
                                                 │  STOP   │
                                                 └─────────┘
```

図 4.2　AHP モデルのフローチャート

　一対比較行列 A には n 個の固有値があり，その和は n であることがわかっている．完全に整合性が保たれている場合はただ1つの固有値が n となり，それ以外は0となるが，ほとんどの場合はそのような理想的な状態にはなりえない．そのため，完全な整合性が保たれない場合は $\lambda_{\max} - n$ を $n-1$ で割ることにより固有値の平均値が導出され，(4.5)式はある固有値の大きさを示す指標とみなすことができる．行列 A が完全な整合性をもつ場合はこのC.I.値は0であり，この値が大きいほど不整合度が大きくなるのである．サーティは，C.I.の値が0.1以下（場合によっては0.15）であれば整合性に問題がないとすることを，経験則より提案している．

　以上の結果，AHP手法の計算手順は，図 4.2 に示すようになる．

　ところで，このフローチャートにおいては，各要素間の一対比較行列の最大固有値と固有ベクトルを計算しなければならない．その結果，各レベルの要素間の重み，C.I.値の階層全体の重みが求まる．

　次に，各要素間の一対比較行列の最大固有値と固有ベクトルの簡易計算法について説明する．例として，前回紹介した「携帯電話の自由化」の各要素間の一対比較行列は，次のように計算する：

① 一対比較行列のヨコの数字の幾何平均をとる．この場合は，ヨコに並んだ3つの数字を掛けてその3乗根を計算する．
② ①で得られた3個の幾何平均を加える．
③ ②で得られた値で①で得られた各幾何平均値を割る．この結果がこの一対

表 4.4　固有ベクトルを求める簡易計算法

	C_1	C_2	C_3	幾何平均	重み
C_1	1	3	7	$\sqrt[3]{1 \times 3 \times 7} = 2.759$	$2.759/4.251 = 0.649$
C_2	1/3	1	5	$\sqrt[3]{1/3 \times 1 \times 5} = 1.186$	$1.186/4.251 = 0.279$
C_3	1/7	1/5	1	$\sqrt[3]{1/7 \times 1/5 \times 1} = 0.306$	$0.306/4.251 = 0.072$

合計 4.251

表 4.5　固有値を求める簡易計算法

	C_1	C_2	C_3	ヨコの合計	ヨコの合計/各要素の重み
C_1	0.649	0.837	0.504	1.990	$1.990/0.649 = 3.066$
C_2	0.216	0.279	0.360	0.855	$0.855/0.279 = 3.065$
C_3	0.093	0.056	0.072	0.221	$0.221/0.072 = 3.069$

比較行列の固有ベクトルとなり，各要素の重みとなる．

ただし，これらの計算過程は**表 4.4**に示すとおりである．

次に最大固有値は次のように計算する：

① 各要素の重みを一対比較行列の**表 4.4**のタテの値にかけて，**表 4.5**を作る．
② **表 4.5**のヨコの合計を計算する．
③ ②で得られたヨコの合計を各要素の重みで割る．このようにして得られた3つの値 [3.066, 3.065, 3.069] の平均を計算する．

$$9.2/3 = 3.067$$

この値が**表 4.4**の行列の最大固有値となる．

④ 式 (4.5) より整合度 C.I. が求まる．

$$\text{C.I.} = \frac{3.067 - 3}{3 - 1} = 0.0335$$

したがって整合性の評価は C.I. < 0.1 となり，有効性があると言える．

次に，サービスの価値計測に有用な AHP 手法の特徴を整理すると以下に示すとおりである：

(1) 評価基準がたくさんあり，しかも互いに共通の尺度がないような問題の解決に当たることができる．
(2) 比率を一対比較で答える際，「同じくらい」「やや」「かなり」「非常に」

「極めて」といったファジィ（あいまい）な表現を用いることによって，意思決定者の負担を軽くしている．実際，明確な尺度を持たない要素間の比率を厳密に答えるのは不可能である．したがって，これまでの定量的分析では扱いきれないインタンジブルな要因が絡むような問題の解決に当たることができる．

(3) 首尾一貫性のないデータを扱え，しかも首尾一貫性の度合いが同時にわかるので修正が容易である．サーティも述べているように，首尾一貫性は良い推定のための単なる必要条件にすぎないが，これがあまり悪いと一対比較を再度し直さなければならない．

(4) 複雑でかつ構造の不明確な問題を階層化することにより整理し，ある限られた条件で部分的な比較・考察を重ねていけば済むようにでき，その後に全体的な評価ができる．人間の思考過程は階層を作って少しずつ解決していくものであり，階層化のアプローチが広く受け入れられやすい．

(5) システムアプローチと主観的判断を組み合わせることにより，これまでは組織的には取り上げにくかった問題に対して勘や経験を生かした意思決定ができる．

(6) データがない，または取りにくい環境下で意思決定しなければならないような問題の解決に当たることができる．

(7) 決定に先立って，さまざまな場合を想定して意思決定の影響を予測したいような問題の解決に当たることができる．

(8) グループで意思決定するとき，関係者の間の意見を表示し取りまとめるためにも都合がよい．むしろ，問題の階層図を作ることや一対比較するプロセスにおいて関係者が集まってグループで行うことが望ましい．

次に，AHP 手法を実行するうえで注意すべきポイントについて，以下に示す：

① 同一レベルに取り入れる要素は互いに独立性の高いものを選ぶこと．
② 一対比較の対象となる要素数は 7 個まで，多くても 9 個以下にしておくこと．
③ 一対比較が確信できないとき，その値に関する感度解析を行うこと．
④ 総合的重要度は選好度を示しており，この値の大きい順に好ましい代替案

となるが，この値の差（あるいは比）については注意し取り扱う必要がある．総合的重要度の判定は意思決定者が行うが，場合によっては重要度の低い要素を除いて，再び AHP 手法を実施することも必要である．
⑤ グループの意志決定に AHP を使うとき，一対比較値としてはグループを構成するメンバーの値の幾何平均を用いること．

以上，AHP 手法の特徴と注意点について記述したが，その中で，特徴に関する (3) と注意点に関する⑤について，さらに詳しく検討することにする．

【検討 I】整合性

前述した内容において整合性の尺度 C.I. を定義した．そこで，一対比較行列の各要素の重みを計算した際，もしその行列の整合性が悪い場合には（整合性の尺度 C.I. が 0.1〜0.15 以上となった場合）一対比較行列の値を再検討しなければならない．しかし，どの一対比較の値が整合性に反しているかを見つけることは難しい．そこで，このような場合，一対比較のどの値を直せばよいかの指針を例を用いて示そう．

次に示す一対比較行列 A の各項目の重み W_1, W_2, W_3, W_4, W_5 と C.I. は以下のとおりである：

$$A = \begin{array}{c} \\ 1 \\ 2 \\ 3 \\ 4 \\ 5 \end{array} \begin{array}{cccccc} 1 & 2 & 3 & 4 & 5 \\ \begin{bmatrix} 1 & 2 & 1/2 & 3 & 5 \\ 1/2 & 1 & 1/3 & 3 & 3 \\ 2 & 3 & 1 & 2 & 1 \\ 1/3 & 1/3 & 1/2 & 1 & 1 \\ 1/5 & 1/3 & 1 & 1 & 1 \end{bmatrix} \end{array} \begin{array}{c} 重み \\ \begin{bmatrix} 0.296 \\ 0.187 \\ 0.312 \\ 0.092 \\ 0.113 \end{bmatrix} \end{array}$$

C.I. $= 0.162$

C.I. が大きくて判断の整合性が悪い．そこで次のように検査する：
(i) 計算された重み W_1, W_2, W_3, W_4, W_5 をもとに，w_i/w_j を (i, j) 成分とする行列 W を作る：

$$W = \begin{array}{c} 1 \\ 2 \\ 3 \\ 4 \\ 5 \end{array} \begin{bmatrix} 1 & 1.581 & 0.948 & 3.196 & \boxed{2.615} \\ & 1 & 0.599 & 2.022 & 1.654 \\ & & 1 & 3.373 & \boxed{2.759} \\ & & & 1 & 0.818 \\ & & & & 1 \end{bmatrix}$$

(ii) 行列 A と W の各成分を比較し，違いの大きいもの（たとえば囲み内）に注目して一対比較をやり直す．その結果 A' を得たとする．

$$A' = \begin{array}{c} \\ 1 \\ 2 \\ 3 \\ 4 \\ 5 \end{array} \begin{array}{c} 1 \quad 2 \quad 3 \quad 4 \quad 5 \\ \begin{bmatrix} 1 & 2 & 1/2 & 3 & 3 \\ & 1 & 1/3 & 3 & 3 \\ & & 1 & 2 & 2 \\ & & & 1 & 1 \\ & & & & 1 \end{bmatrix} \end{array} \begin{array}{c} 重み \\ \begin{bmatrix} 0.265 \\ 0.193 \\ 0.346 \\ 0.098 \\ 0.098 \end{bmatrix} \end{array}$$

C.I. = 0.082

C.I. < 0.1 で，有効性があると言える．したがって，A' は整合性が良い．

【検討 II】グループによる意思決定

　AHP をグループ単位で用いる場合もある．たとえば，企業の重役会議での意思決定などである．このようなとき，各重役がそれぞれ AHP 手法を実行して，その結論を出し合って検討した後に結論を出す，というのも 1 つの方法である．

　しかし，重役会議としてのコンセンサスを取り付けるうえは，一対比較の値そのものを重役会議として決定することも必要である．このような場合，各メンバーの間で一対比較値が異なることがしばしば起きる．各メンバーの立場や価値観が異なる以上当然のことである．それを 1 つの数値に絞り込めればよいが，同意が得られない場合は次のように対応する．

　たとえば，重役会議のメンバーは A，B，C の 3 氏であり，ある問題について一対比較を行ったが，次のように 1 箇所（囲み内）について値が異なり，どうしても 1 つの数値にまとめられなかった：

$$A = \begin{bmatrix} 1 & 2 & \boxed{5} & 7 \\ & 1 & 2 & 3 \\ & & 1 & 2 \\ & & & 1 \end{bmatrix} \quad B = \begin{bmatrix} 1 & 2 & \boxed{3} & 7 \\ & 1 & 2 & 3 \\ & & 1 & 2 \\ & & & 1 \end{bmatrix} \quad C = \begin{bmatrix} 1 & 2 & \boxed{6} & 7 \\ & 1 & 2 & 3 \\ & & 1 & 2 \\ & & & 1 \end{bmatrix}$$

このような場合，3氏の値の幾何平均を代表値として採用する．すなわち，

$$\sqrt[3]{5 \times 3 \times 6} = \sqrt[3]{90} = 4.48$$

となる．

こうすれば，一対比較行列において対称な位置の数値の逆数関係が成立するので都合がよい．すなわち，

$$\sqrt[3]{\frac{1}{5} \times \frac{1}{3} \times \frac{1}{6}} = \sqrt[3]{\frac{1}{90}} = \frac{1}{4.48}$$

となる．

もし，算術平均を取ったならば，このような逆数関係は一般に成立しない．この例では

$$\frac{1}{3}(5 + 3 + 6) = 4.67$$

であり，その逆数値は

$$\frac{1}{4.67} = 0.214$$

となるはずであるが，実際には

$$\frac{1}{3}\left(\frac{1}{5} + \frac{1}{3} + \frac{1}{6}\right) \quad \text{すなわち} \quad 0.233$$

となり逆数関係は成立しない．

4.2 サービスサイエンスと集団 AHP

本節では，AHP 手法による企業の意思決定問題を紹介し，AHP 手法を用いたサービスの価値測定問題を詳述することにする．

AHP 手法を開発したサーティ教授は，多くの著書で種々の適用例を紹介して

いる．その中で述べているように，アメリカを主とした外国におけるAHPの適用対象は，経済問題と経営問題をはじめ，エネルギー問題（政策決定と資源配分），医療と健康，紛争処理，軍縮問題，国際関係，人事と評価，プロジェクト選定，ポートフォリオ選択，政策決定，社会学，都市計画などがある．さて，これら適用例に共通する特徴はすべての問題に質的要素が入っていて，それが重要な役割を占めている危機管理（意思決定）問題である，ということである．したがって，これは定量化が難しく，これまで取り上げられなかったような問題が多い．

一方，日本におけるAHPの適用例は，辻毅一郎の「階層分析法による高層住宅用エネルギーシステムの評価」，今野浩他の「新エネルギーシステムの評価」，寺野隆雄の「ダムゲート診断エキスパート・システムとAHP」などの研究がある．さらに著者の「交通経路選択特性の評価」，「鉄道とターミナルのイメージ評価」，「道路の建設着工優先順位の決定」の研究もある．

そこで，意思決定者が複数いる場合のサービスの価値測定問題を，AHP手法を用いて分析することにする．

◆

ある会社の社長は，会社の利益の運用に関して経理担当専務と経理部長とで相談している．すなわち，利益の金を財テクで運用したいのだが，3人の意見が互いに違い，どの銘柄の株を買えばよいのか決まらないのである．ただし，この時期，株価は異常な低迷を続けていたが，逆にこの時期こそ買い時とこの会社は判断したのである．そこで，この問題をAHP手法を使って決めることにした．この場合，本章1節の例と違うところは意思決定者が3人いることである．このことを考慮に入れながら検討していくことにする．

(1) 第1段階

この会社の幹部が考える株の銘柄選定は，「将来性」「安定性」「投機性」の3つである．また，この会社が選択できる株の銘柄はA，B，Cの3つとする．この様子を図4.3に示す．

すなわち，階層の最上層（レベル1）は，総合目的である株の銘柄の選定を，レベル2は，意思決定者（社長，専務，部長）を，レベル3は3つの選定基準を，そして，最下層には，3銘柄をそれぞれ置く．これらは，すべて関連する

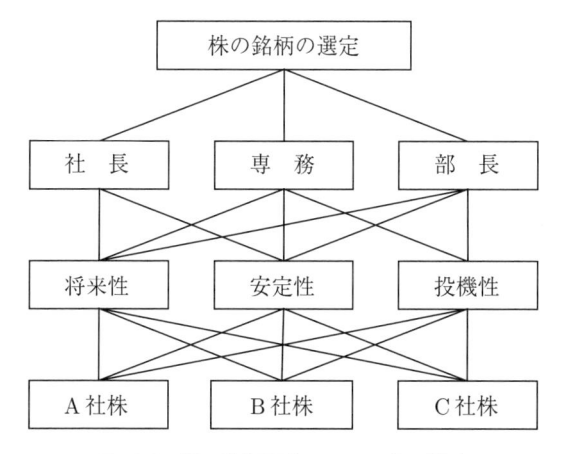

図 4.3 株の銘柄選定における階層構造

表 4.6 株の銘柄選定に関するレベル 2 の各要因の一対比較

	社長	専務	部長
社長	1	3	9
専務	1/3	1	3
部長	1/9	1/3	1

ので線で結ばれる．

(2) 第 2 段階

まず，レベル 2 の 3 人の意思決定者が，相対的にどれだけ株の選定にあたって発言力を持っているのかを調べた．この一対比較の決定は**表 4.6** に示すとおりである．すなわち，これは，株の選定に関する「意思決定者の力関係」を示すものである．次に，3 人の意思決定者それぞれに対するレベル 3 の各要素の一対比較を行った．それらの結果は**表 4.7** に示すとおりである．

すなわち，この結果は，各意思決定者が各要因をどれくらい重要であると判断しているのかを示す指標である．

最後に，**図 4.3** に示した 3 つの株の銘柄を 1 つ上のレベル（評価基準）から評価し，一対比較する．これには，それらの株について詳しい情報を集め客観的で冷静な判断が必要である．そこで，これら 3 銘柄の簡単なアウトラインを

表 4.7 レベル 3 の一対比較

社長に関するレベル 3 の各要因の一対比較

	将来性	安定性	投機性
将来性	1	3	5
安定性	1/3	1	2
投機性	1/5	1/2	1

専務に関するレベル 3 の各要因の一対比較

	将来性	安定性	投機性
将来性	1	1/5	3
安定性	5	1	7
投機性	1/3	1/7	1

部長に関するレベル 3 の各要因の一対比較

	将来性	安定性	投機性
将来性	1	1	1/9
安定性	1	1	1/7
投機性	9	7	1

表 4.8 3 つの選定要因に関する各代替案の一対比較

将来性

	A	B	C
A	1	2	1/3
B	1/2	1	1/7
C	3	7	1

安定性

	A	B	C
A	1	5	7
B	1/5	1	3
C	1/7	1/3	1

投機性

	A	B	C
A	1	1/9	1
B	9	1	7
C	1	1/7	1

説明する．まず，A 株は，将来性はなく，投機性もないが，安定性はかなりある．B 株は，安定性はなく，将来性も全くないが，投機性はかなりある．C 株は，投機性はなく，安定性は全くないが，将来性はある．

以上，簡単に 3 つの株のあらましを説明したが，実際は，もっと詳しい資料をもとに，各評価基準ごとに各代替案に関して一対比較を行うわけである．その結果は**表 4.8** に示すとおりである．

(3) 第 3 段階

まず，レベル 2 の 3 人の意思決定者の発言力の重みは，固有ベクトルの計算により次のように求められる：

4.2 サービスサイエンスと集団 AHP

$$[0.692,\ 0.231,\ 0.077]$$

つまり，発言力の重みは，社長が 69.2〔％〕，専務が 23.1〔％〕，部長は 7.7〔％〕である．

次に，意思決定者ごとのレベル3にある評価基準の重みは固有ベクトルの計算により次のように求められる．まず，社長に関しては，$[0.648, 0.230, 0.122]$となり，株の選定において，将来性に 64.8〔％〕，安定性に 23〔％〕，投機性に 12.2〔％〕の重みを置いていることがわかる．さらに，専務と部長に関しては次のようになる：

$$専務\ [0.188,\ 0.731,\ 0.081]$$
$$部長\ [0.096,\ 0.105,\ 0.799]$$

次に，レベル4の各銘柄のレベル3の各評価基準に関する各代替案の重みを求める．たとえば将来性に関して3つの株の銘柄の重みは，固有ベクトルの計算により次のように求められる：

$$[0.216,\ 0.102,\ 0.681]$$

つまり，将来性に関する重み（魅力度）は，C 株が 68.1〔％〕，ついで A 株が 21.6〔％〕，そして，B 株が 10.2〔％〕となる．

以下，安定性，投機性に関する3銘柄の魅力度はそれぞれ次のようになる：

$$安定性\ [0.731,\ 0.188,\ 0.081]$$
$$投機性\ [0.096,\ 0.799,\ 0.105]$$

最後に，以上のすべての結果をまとめて，A，B，C，3銘柄の総合的評価を行うと，次に示すようになる：

$$[0.648 \times 0.692 + 0.188 \times 0.231 + 0.096 \times 0.077] \times \begin{bmatrix} 0.216 \\ 0.102 \\ 0.681 \end{bmatrix}$$

$$+ [0.230 \times 0.692 + 0.731 \times 0.231 + 0.105 \times 0.077] \times \begin{bmatrix} 0.731 \\ 0.188 \\ 0.081 \end{bmatrix}$$

$$+[0.122\times 0.692+0.081\times 0.231+0.799\times 0.077]\times \begin{bmatrix} 0.096 \\ 0.799 \\ 0.105 \end{bmatrix}$$

$$=\begin{matrix} A \\ B \\ C \end{matrix}\begin{bmatrix} 0.369 \\ 0.246 \\ 0.385 \end{bmatrix}$$

このようにして，3つの株の銘柄の総合的な優先度が求められた．つまり，C > A > B の選好順序となる．したがって，この会社は，利益金を C 株の購入金にあて，運用すればよいのである．

4.3 サービスサイエンスと費用/便益分析

本節では，AHP 手法による費用/便益分析について，例題を通じて述べることにする．

◆

ある時，某国の国防大臣がやってきた．そして，国の危機管理のためのミサイルを購入したいのだがどのようにして選べばよいのか相談を受けた．というのは，彼は，希望するミサイルの種類 A，B，C のなかでどれを選べばよいのか迷っていたからである．それら3種類のミサイルとも一長一短があり，一概にどれがよいのか決められないのである．

そこで私は AHP 手法を使って決めることにした．まず，ミサイルを選定する際の要素を抽出しなければならないが，購入することによる効果（便益）だけでなくマイナスの効用（費用）も生じる．したがって，費用の要素も他の要素と同じように考慮しなければならない．ところで，従来の AHP 手法による分析では，費用の要素は他の要素と同じ階層構造の中に組み込まれていた．しかし，ここでは，費用に関する要素を別の階層構造として取り上げてみる．そして，AHP 手法による各ミサイルの便益と費用の重要度を算出し，その比をとる．というのは，必要なことは単位費用当たりの便益の重要度であるからである．そこで，このような考え方に立脚した AHP 手法による費用/便益分析をミサイルの購入問題に適用することにする．そのためにまず，本テーマにおけ

図 4.4 AHP 手法による費用/便益分析に関する段階構造

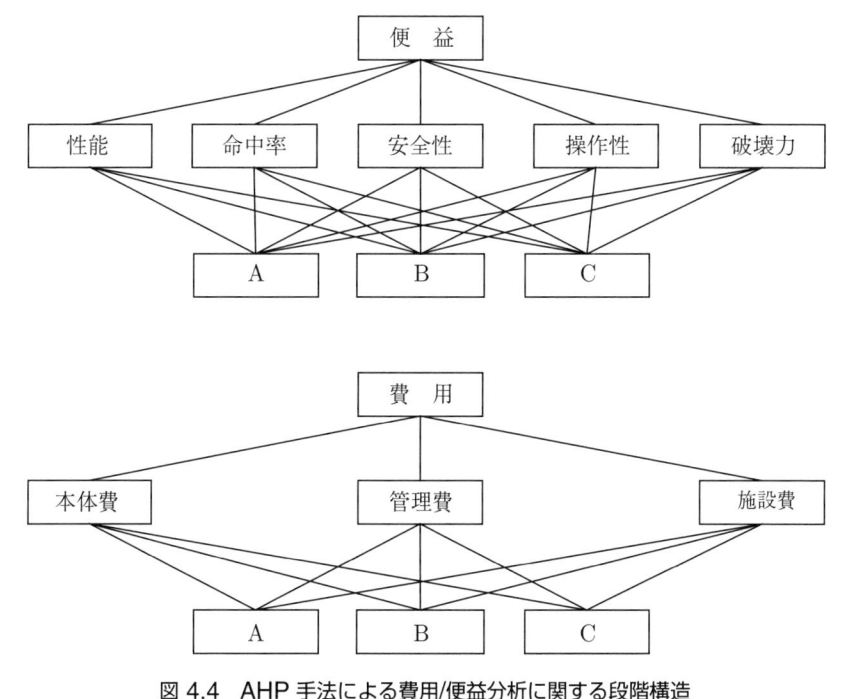

る便益と費用に関する階層構造を作成した．その結果は図 4.4 に示すとおりである．

(1) 便益に関する分析

便益に関する階層構造におけるレベル 2 とレベル 3 の各要素間の一対比較を行った．その結果は，表 4.9 と表 4.10 に示すとおりである．ただし，I は「性能」，II は「命中率」，III は「安全性」，IV は「操作性」，V は「破壊力」とする．

まず，**表 4.9** に示す行列の最大固有地は，$\lambda_{\max} = 5.194$ である．ゆえに整合性の評価は，C.I.$=0.049$ であり，有効性があると言える．さらに，この行列の最大固有値に対する正規化した固有ベクトルは，$\boldsymbol{W}^{\mathrm{T}} = [0.174,\ 0.356,\ 0.110,\ 0.071,\ 0.289]$ となる．

すなわち，便益に関して，命中率がもっとも重要で，次に破壊力，性能と続くことがわかる．

表 4.9 便益に関するレベル 2 の各要因の一対比較

	I	II	III	IV	V
I	1	1/3	1	3	1
II	3	1	3	5	1
III	1	1/3	1	1	1/3
IV	1	1	1	1	1/5
V	1	1/5	3	5	1

$\lambda_{\max} = 5.194$ C.I. $= 0.049$

表 4.10 レベル 3 の一対比較

(性能)

	A	B	C
A	1	1/3	1
B	3	1	3
C	1	1/3	1

$\lambda_{\max} = 3$ C.I. $= 0$

(命中率)

	A	B	C
A	1	1/5	1
B	5	1	3
C	1	1/3	1

$\lambda_{\max} = 3.029$ C.I. $= 0.014$

(安全性)

	A	B	C
A	1	1/5	1/3
B	5	1	1/2
C	3	2	1

$\lambda_{\max} = 3.164$ C.I. $= 0.082$

(操作性)

	A	B	C
A	1	1/2	1/3
B	2	1	1/2
C	3	2	1

$\lambda_{\max} = 3.01$ C.I. $= 0.005$

(破壊力)

	A	B	C
A	1	1/3	1/2
B	3	1	1
C	2	1	1

$\lambda_{\max} = 3.018$ C.I. $= 0.009$

一方,表 4.10 に示した 5 つの一対比較行列のそれぞれの最大固有値 $\lambda_{\max}$ と整合性の評価 C.I. は各行列の下に示したとおりである.また,これら 5 つの行列の最大固有値に対する正規化した固有ベクトルはそれぞれ次のようになる:

(I) 性　能　$\boldsymbol{W}_1^\mathrm{T} = [0.2,\ 0.6,\ 0.2]$
(II) 命中率　$\boldsymbol{W}_2^\mathrm{T} = [0.156,\ 0.659,\ 0.185]$
(III) 安全性　$\boldsymbol{W}_3^\mathrm{T} = [0.113,\ 0.379,\ 0.508]$
(IV) 操作性　$\boldsymbol{W}_4^\mathrm{T} = [0.163,\ 0.297,\ 0.540]$
(V) 破壊力　$\boldsymbol{W}_5^\mathrm{T} = [0.169,\ 0.444,\ 0.387]$

以上,レベル 2, 3 の各要素間の重み付けが計算されると,この結果より便益に関する階層全体の重み付けを行う.そこで,便益に関する各代替案の重みを $\boldsymbol{X}$ とすると,

$$\boldsymbol{X} = [\boldsymbol{W}_1, \boldsymbol{W}_2, \boldsymbol{W}_3, \boldsymbol{W}_4, \boldsymbol{W}_5]\boldsymbol{W}$$

となる．この場合，次のようになる：

$$X = \begin{array}{c} \\ A \\ B \\ C \end{array} \begin{array}{c} \text{I} \quad \text{II} \quad \text{III} \quad \text{IV} \quad \text{V} \\ \begin{bmatrix} 0.2 & 0.156 & 0.113 & 0.163 & 0.169 \\ 0.6 & 0.659 & 0.379 & 0.297 & 0.444 \\ 0.2 & 0.185 & 0.508 & 0.540 & 0.387 \end{bmatrix} \end{array} \begin{bmatrix} 0.174 \\ 0.356 \\ 0.110 \\ 0.071 \\ 0.289 \end{bmatrix}$$

$$= \begin{array}{c} A \\ B \\ C \end{array} \begin{bmatrix} 0.163 \\ 0.530 \\ 0.307 \end{bmatrix}$$

したがって，この例の場合，ミサイルの購入に際してもっとも効用（便益）の高いミサイルは B ということがわかる．

(2) 費用に関する分析

費用に関する階層構造におけるレベル 2，3 の各要素間の一対比較を行った．その結果は**表 4.11** と**表 4.12** に示すとおりである．ただし VI は本体費，VII は管理費，VIII は施設費とする．

まず，**表 4.11** に示す行列の最大固有値は $\lambda_{\max} = 3.004$ である．ゆえに整合性の評価は，C.I. $= 0.002$ であり，有効性があると言える．さらに，この行列の最大固有値に対する正規化した固有ベクトルは，$\boldsymbol{W}^{\mathrm{T}} = [0.648, 0.230, 0.122]$ となる．すなわち，費用に関して本体費がもっとも重要で，次に管理費・施設費と続くことがわかる．

一方，**表 4.12** に示した 3 つの一対比較行列の最大固有値 $\lambda_{\max}$ と整合性の評価 C.I. は各行列の下に示したとおりである．また，これらの 3 つの行列の最大固有値に対する正規化した固有ベクトルはそれぞれ次のようになる：

（VI）本体費　　$\boldsymbol{W}_6^{\mathrm{T}} = [0.731, 0.188, 0.081]$
（VII）管理費　　$\boldsymbol{W}_7^{\mathrm{T}} = [0.2, 0.4, 0.4]$
（VIII）施設費　　$\boldsymbol{W}_8^{\mathrm{T}} = [0.25, 0.25, 0.5]$

レベル 2，3 の要素間の重み付けが計算されると，この結果により費用に関する階層全体の重み付けを行う．そこで費用に関する各代替案の重みを $\boldsymbol{Y}$ とすると，

表 4.11 費用に関するレベル 2 の各要因の一対比較

	VI	VII	VIII
VI	1	3	5
VII	1	1	2
VIII	1/5	1/2	1

$\lambda_{\max} = 3.004$　C.I. $= 0.002$

表 4.12　3 つの選定要因に関する各代替案の一対比較

（本体費）

	A	B	C
A	1	5	7
B	1/5	1	3
C	1/7	1/3	1

$\lambda_{\max} = 3.0648$　C.I. $= 0.032$

（管理費）

	A	B	C
A	1	1/2	1/2
B	2	1	1
C	2	1	1

$\lambda_{\max} = 3.0$　C.I. $= 0$

（施設費）

	A	B	C
A	1	1	1/2
B	1	1	1/2
C	2	2	1

$\lambda_{\max} = 3.0$　C.I. $= 0$

$$Y = [W_6, \ W_7, \ W_8]W$$

となる．この場合，

$$Y = \begin{array}{c} \text{A} \\ \text{B} \\ \text{C} \end{array} \begin{bmatrix} \overset{\text{VI}}{0.731} & \overset{\text{VII}}{0.2} & \overset{\text{VIII}}{0.25} \\ 0.188 & 0.4 & 0.25 \\ 0.081 & 0.4 & 0.5 \end{bmatrix} \begin{bmatrix} 0.648 \\ 0.230 \\ 0.122 \end{bmatrix} = \begin{array}{c} \text{A} \\ \text{B} \\ \text{C} \end{array} \begin{bmatrix} 0.550 \\ 0.244 \\ 0.206 \end{bmatrix}$$

となる．したがって，ミサイルの購入に際してもっともマイナスの効用（費用）の高い種類は A ということがわかる．

(3) 総合評価

最後に，便益に関する分析と費用に関する分析を組み合わせた総合評価を行う．すなわち，代替案の選択基準の重みを Z とすると，

$$Z = X/Y$$

となる．このような場合，下記のようになる．

$$Z = \begin{array}{c} \text{A} \\ \text{B} \\ \text{C} \end{array} \begin{bmatrix} 0.163/0.550 \\ 0.530/0.244 \\ 0.307/0.206 \end{bmatrix} = \begin{array}{c} \text{A} \\ \text{B} \\ \text{C} \end{array} \begin{bmatrix} 0.296 \\ 0.172 \\ 1.490 \end{bmatrix}$$

したがって，AHP 手法による費用/便益分析による総合評価は，C > A > B の選択順序となる．したがって，某国の国防大臣は C のミサイルを購入し，この国のエアフォースサービスを行うであろう．

4.4　サービスサイエンスと内部従属法（その1）

本節では，**内部従属法**（評価基準間が従属）による AHP 手法を紹介することにする．

◆

某国で，現大統領が突然暗殺された．この国は，建国以来 20 数年間現大統領の下で，着実に経済発展の道を歩んできただけに国民のショックは大きかった．しかも，国民生活はやっと安定し，高度経済成長にさしかかり，国際社会においても信用が高まってきた時期であった．

このような危機（クライシス）をいちはやく回避し，正常な国家運営を再開させることこそ国家管理サービスの真髄である．そのためには，次期大統領をすみやかに選出することが最も重要である．しかも，あらゆる評価項目から見て最適な人物である必要がある．この意思決定こそ，この国にとっての国家管理サービスとなるのである．

そこで，この分析を AHP 手法により行うことにした．ところで，次期大統領を決定するための評価基準としては，「人脈」「人望」「カリスマ（指導力）」「政策」の 4 つが選ばれた．しかし，その後の調査で 4 つの評価項目は，独立（従来の AHP 手法ではこの独立性が前提である）ではなく，相互に影響していることがわかった．したがって，従来の AHP 手法は使えないのである．そこで，**内部従属法**による AHP 手法を駆使することになる．この手法は，同一レベルの各項目に従属性があるとき，その相互関係の行列を用いて分析するもので，**内部従属法**（同一レベル内の従属性ゆえ，内部という言葉を使っている）と呼ばれている．以下，この例を**内部従属法**により分析する．

(1)　第 1 段階

次期大統領の評価に関する階層構造を図 **4.5** に示す．まず，レベル 1 に総合目的である「大統領の評価」を，そして，レベル 2 に 4 つの評価基準「人脈」「人

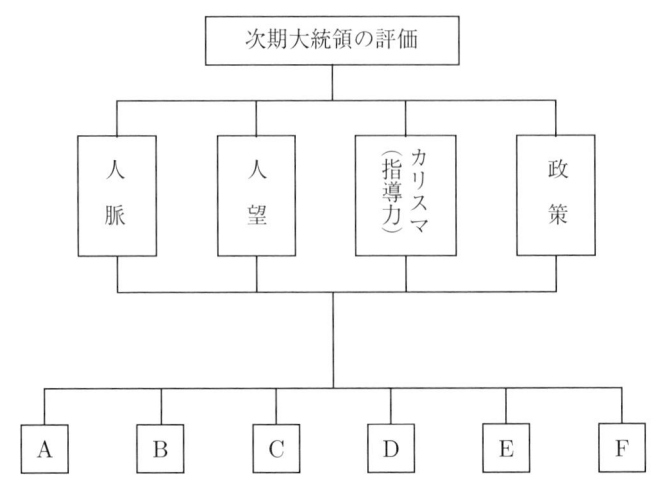

図 4.5 次期大統領の評価に関する階層構造

表 4.13 次期大統領の評価に関する 4 評価基準の一対比較

	人脈	人望	カリスマ	政策
人脈	1	3	2	5
人望	1/3	1	3	7
カリスマ	1/2	1/3	1	1
政策	1/5	1/7	1	1

望」「カリスマ」「政策」を，最後のレベル 3 に 6 人の候補者（A，B，C，D，E，F）をそれぞれ置く．

次に，大統領の評価に関する 4 つの評価基準の一対比較を行う．その結果は，**表 4.13** に示したとおりである．この表に示した一対比較行列の最大固有値は，

$$\lambda_{\max} = 4.38$$

である．ゆえに，整合性の評価，

$$\text{C.I.} = 0.120$$

となる（C.I. $\leq 0.1 \sim 0.15$ が望ましい）．

さらに，この行列の最大固有値に対する正規化した固有ベクトルは，

$$\boldsymbol{W}^{\mathrm{T}} = [0.475,\ 0.321,\ 0.125,\ 0.079]$$

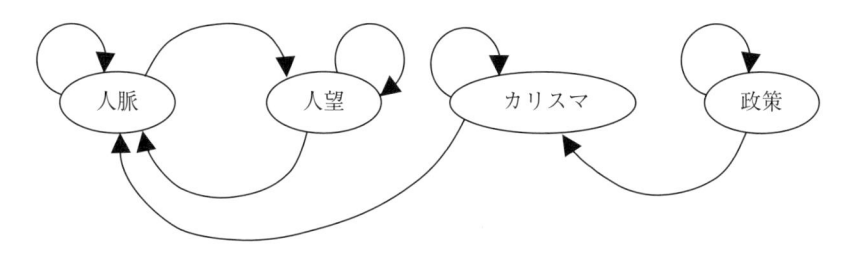

図 4.6 4 項目の従属関係

となる．すなわち，次期大統領の評価に関して，人脈がもっとも重要で，次に人望，カリスマ（指導力），政策と続くことがわかる．しかし，これは 4 項目が独立であると仮定した場合の重みである．

(2) 第 2 段階

従来の方法では，上述の固有ベクトルが，4 つの評価基準の重みであった．しかし，本稿の例では，これら 4 つの項目間に従属関係がある．その様子は，図 4.6 に示すとおりである．

たとえば，人脈は人脈だけでなく，人望，カリスマ性から影響を受けていることがわかる．

これらの影響の強さを一対比較した結果は表 4.14 に示すとおりである．これら 3 つの行列の固有ベクトルを求め，これら 4 つの評価基準間の従属関係を整理すると表 4.15 のようになる．

以上の結果，従属関係の行列（M）とベクトル W から，真の評価基準の重みは次式より求めることができる：

$$W^* = M \cdot W$$

本稿における例は次のようになる：

$$W^* = \begin{bmatrix} 0.540 & 0.750 & 0.667 & 0 \\ 0.297 & 0.250 & 0 & 0 \\ 0.163 & 0 & 0.333 & 0 \\ 0 & 0 & 0 & 1.0 \end{bmatrix} \begin{bmatrix} 0.475 \\ 0.321 \\ 0.125 \\ 0.079 \end{bmatrix}$$

表 4.14　従属関係の一対比較

(人脈)

	人脈	人望	カリスマ
人脈	1	3	2
人望	1/3	1	3
カリスマ	1/2	1/3	1

$\lambda_{\max} = 3.25$　C.I. $= 0.12$

(人望)

	人望	人脈
人望	1	3
人脈	1/3	1

(カリスマ)

	カリスマ	政策
カリスマ	1	2
政策	1/2	1

表 4.15　従属関係の行列

	人脈	人望	カリスマ	政策
人脈	0.540	0.750	0.667	0
人望	0.297	0.250	0	0
カリスマ	0.163	0	0.333	0
政策	0	0	0	1.0

$$= \begin{bmatrix} 0.581 \\ 0.221 \\ 0.119 \\ 0.079 \end{bmatrix}$$

　この結果，人脈は全体の中で 58.1% の影響力があることがわかった．以降は，人望，カリスマ，政策と続く．

　次に，各評価基準に関して，6 人の大統領候補者の一対比較を行った．その結果は，**表 4.16** に示すようになった．また，これら 4 つの一対比較行列の最大固有値 $\lambda_{\max}$ と整合性の評価 C.I. は各行列の下に示したとおりである．さらに，これら 4 つの行列の最大固有値に対する正規化した固有ベクトルを整理すると**表 4.17** のようになった．

(3)　第 3 段階

　レベル 2，3 の項目間の重み付けが計算されると，この結果より，階層全体の重み付け（E）を行う．この例の場合，次式のようになる：

4.4 サービスサイエンスと内部従属法（その1） 143

表 4.16　4 つの評価基準に関する各候補者の一対評価

(人脈)

	A	B	C	D	E	F
A	1	1/3	1/2	1	1/2	1/3
B	3	1	2	3	1	1/3
C	2	1/2	1	1/2	1/3	1/3
D	1	1/3	2	1	3	1/2
E	2	1	3	1/3	1	1/2
F	3	3	3	2	2	1

$\lambda_{\max} = 6.64$, C.I. $= 0.129$

(人望)

	A	B	C	D	E	F
A	1	1/3	1	1/2	1/2	1
B	3	1	1/5	1/2	1/2	3
C	1	5	1	3	3	2
D	2	2	1/3	1	1	2
E	2	2	1/3	1	1	2
F	1	1/3	1/2	1/2	1/2	1

$\lambda_{\max} = 6.78$, C.I. $= 0.15$

(カリスマ)

	A	B	C	D	E	F
A	1	2	3	5	4	2
B	1/2	1	3	2	1	1/2
C	1/3	1/3	1	2	1	1/3
D	1/5	1/2	1/2	1	1	1/4
E	1/4	1	1	1	1	1/3
F	1/2	2	3	4	3	1

$\lambda_{\max} = 6.19$, C.I. $= 0.038$

(政策)

	A	B	C	D	E	F
A	1	1/2	2	1	1	5
B	2	1	3	2	1	7
C	1/2	1/3	1	2	1	4
D	1	1/2	1/2	1	1/2	3
E	1	1	1	2	1	3
F	1/5	1/7	1/4	1/3	1/3	1

$\lambda_{\max} = 6.24$, C.I. $= 0.48$

表 4.17　評価行列

	人脈	人望	カリスマ	政策
A	0.081	0.110	0.344	0.188
B	0.260	0.141	0.154	0.300
C	0.089	0.339	0.092	0.153
D	0.164	0.163	0.067	0.122
E	0.149	0.163	0.093	0.194
F	0.311	0.084	0.250	0.043

$$E = \begin{matrix} A \\ B \\ C \\ D \\ E \\ F \end{matrix} \begin{bmatrix} 0.081 & 0.110 & 0.344 & 0.188 \\ 0.206 & 0.141 & 0.154 & 0.300 \\ 0.089 & 0.339 & 0.092 & 0.153 \\ 1.164 & 0.163 & 0.067 & 0.122 \\ 0.149 & 0.163 & 0.093 & 0.194 \\ 0.311 & 0.084 & 0.250 & 0.043 \end{bmatrix} \times \begin{bmatrix} 0.581 \\ 0.221 \\ 0.119 \\ 0.079 \end{bmatrix} = \begin{bmatrix} 0.1272 \\ 0.1929 \\ 0.1497 \\ 0.1489 \\ 0.1490 \\ 0.2323 \end{bmatrix}$$

したがって，この例の場合には次期大統領に最も適しているのはF氏である，ということがわかる．

4.5 サービスサイエンスと内部従属法（その2）

本節では，代替案間が従属な場合の**内部従属法**によるAHP手法について紹介する．

◆

あるプロ野球の球団は，球団の存亡をかけチームの総合評価に着手した．他のスポーツの人気上昇に伴いプロ野球人気にかげりが出てきたからである．いわゆる球団経営におけるサービス管理である．そこで，AHP手法によりチームの評価をセクションごと〔選手・スタッフ（監督・コーチ）・フロント〕に行うことにする．また，評価基準としては，「攻撃力」，「防御力」，「人気」とする．したがって，階層構造は，**図4.7**に示すようになる．

ところで，まず，最初は各代替案（選手，スタッフ，フロント）が独立である場合を考える（従来のAHP手法）．そこで，野球チームの総合評価に関する評価基準間の一対比較を行う．その結果は**表4.18**に示すとおりである．また，各評価基準の重みは**表4.18**の右端に示すとおりである．

次に，評価基準ごとに各代替案の重要性の一対比較を行う．この結果と重みは**表4.19**に示すとおりである．

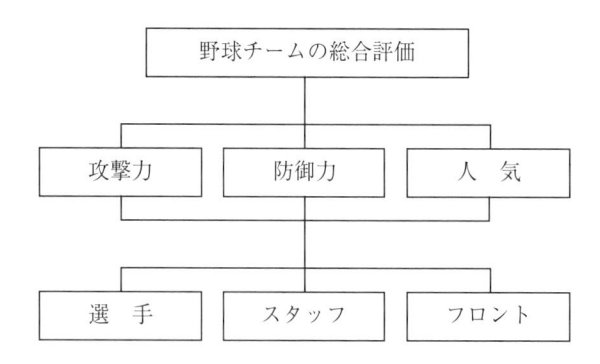

図4.7　野球チームの総合評価に関する階層構造

表4.18　各評価基準間の一対比較

	攻撃力	防御力	人気	W_1
攻撃力	1	3	5	0.637
防御力	1/3	1	3	0.258
人気	1/5	1/3	1	0.105

表4.19　各評価基準から見た各代替案間の一対比較

攻撃力	選手	スタッフ	フロント	W_{21}
選手	1	3	5	0.648
スタッフ	1/3	1	2	0.230
フロント	1/5	1/2	1	0.122

防御力	選手	スタッフ	フロント	W_{22}
選手	1	3	7	0.669
スタッフ	1/3	1	3	0.243
フロント	1/7	1/3	1	0.088

人気	選手	スタッフ	フロント	W_{23}
選手	1	5	1/2	0.333
スタッフ	1/5	1	1/7	0.075
フロント	2	7	1	0.592

したがって，野球チームの総合評価に占める各代替案の重み W は以下のようになる：

$$W = [W_{21}, W_{22}, W_{23}] \cdot W_1$$

すなわち，本稿の例では

$$W = \begin{bmatrix} 0.648 & 0.669 & 0.333 \\ 0.230 & 0.243 & 0.075 \\ 0.122 & 0.088 & 0.592 \end{bmatrix} \begin{bmatrix} 0.637 \\ 0.258 \\ 0.105 \end{bmatrix}$$

$$= \begin{bmatrix} 0.6204 \\ 0.2171 \\ 0.1626 \end{bmatrix}$$

となる．

すなわち，選手が62%，スタッフが22%弱，フロントが16%強の影響力を持

表 4.20 各代替案の従属性に関する一対比較

攻撃力×選手	選 手	スタッフ	フロント	$W_{31}(1)$
選 手	1	5	9	0.735
スタッフ	1/5	1	5	0.207
フロント	1/9	1/5	1	0.058
攻撃力×スタッフ	選 手	スタッフ	フロント	$W_{32}(2)$
選 手	1	4	8	0.717
スタッフ	1/4	1	3	0.205
フロント	1/8	1/3	1	0.078
攻撃力×フロント	選 手	スタッフ	フロント	$W_{33}(3)$
選 手	1	1	3	0.429
スタッフ	1	1	3	0.429
フロント	1/3	1/3	1	0.143

つことがわかった．

次に，各代替案が従属である場合について考える．ここで，各代替案が従属とは，次のような質問を意味している．すなわち，「たとえば攻撃力に対して選手が占める重みの中には，打力と走力といった要素が考えられるが，これらの要素は，選手，スタッフ，フロントによってどのような影響を受けるか？」という内容を考慮することである．同様の比較を，攻撃力に対するスタッフ，攻撃力に対するフロントに関して行う．それらの調査による一対比較結果は，表 4.20 に示すとおりである．

これにより，攻撃力に関する代替案（選手，スタッフ，フロント）間の影響度行列 M_1 を求めることができる：

$$M_1 = [W_{31}, W_{32}, W_{33}]$$

$$M_1 = \begin{bmatrix} 0.735 & 0.717 & 0.429 \\ 0.207 & 0.205 & 0.429 \\ 0.058 & 0.078 & 0.143 \end{bmatrix}$$

ところで，前述の質問を各評価基準に対してそれぞれの代替案が持っている重みに関して行う．すなわち，評価基準×代替案に対して，各代替案のもつ影響力を調べる．このことは，階層構造を図 4.8 のように表すことに相当する．

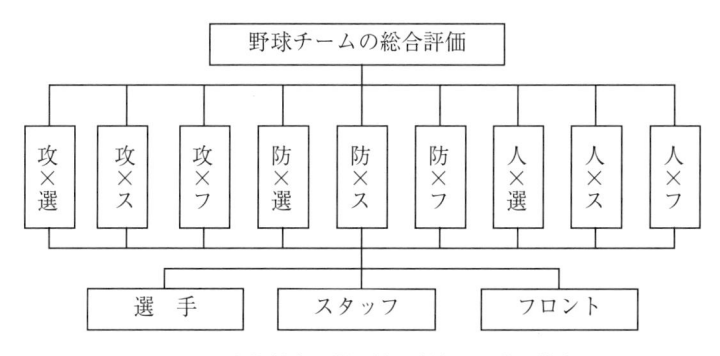

4.5 サービスサイエンスと内部従属法（その2）

図 4.8 各代替案の従属性を考慮した階層構造

これにより，防御力に関する代替案間の影響度行列 M_2 が求まる（ただし，表 4.20 のような一対比較行列は省略する）：

$$M_2 = \begin{bmatrix} 0.714 & 0.143 & 0.143 \\ 0.143 & 0.714 & 0.143 \\ 0.143 & 0.143 & 0.714 \end{bmatrix}$$

また，人気に関する代替案間の影響度行列 M_3 が求まる（ただし，表 4.20 のような一対比較行列は省略する）：

$$M_3 = \begin{bmatrix} 0.429 & 0.143 & 0.333 \\ 0.143 & 0.714 & 0.333 \\ 0.429 & 0.143 & 0.333 \end{bmatrix}$$

次に，これらの結果をもとにして各評価基準に関する各代替案の重みを求める．まず攻撃力（W_{A_1}）に関しては，次のようになる：

$$W_{A_1} = M_1 \times W_{21}$$

$$= \begin{bmatrix} 0.735 & 0.717 & 0.429 \\ 0.207 & 0.205 & 0.429 \\ 0.058 & 0.078 & 0.143 \end{bmatrix} \begin{bmatrix} 0.648 \\ 0.230 \\ 0.122 \end{bmatrix}$$

$$= \begin{bmatrix} 0.694 \\ 0.233 \\ 0.073 \end{bmatrix}$$

防御力（W_{A_2}）に関しては次のようになる：

$$W_{A_2} = M_2 \times W_{22}$$

$$= \begin{bmatrix} 0.714 & 0.143 & 0.143 \\ 0.143 & 0.714 & 0.143 \\ 0.143 & 0.143 & 0.714 \end{bmatrix} \begin{bmatrix} 0.669 \\ 0.075 \\ 0.088 \end{bmatrix}$$

$$= \begin{bmatrix} 0.525 \\ 0.282 \\ 0.193 \end{bmatrix}$$

人気（W_{A_3}）に関しては次のようになる：

$$W_{A_3} = M_3 \times W_{23}$$

$$= \begin{bmatrix} 0.429 & 0.143 & 0.333 \\ 0.143 & 0.714 & 0.333 \\ 0.429 & 0.143 & 0.333 \end{bmatrix} \begin{bmatrix} 0.333 \\ 0.075 \\ 0.592 \end{bmatrix}$$

$$= \begin{bmatrix} 0.351 \\ 0.298 \\ 0.351 \end{bmatrix}$$

また，$W_A = [W_{A_1}, W_{A_2}, W_{A_3}]$ とすると，総合評価 W は，

$$W = W_A \times W_1$$

$$= \begin{bmatrix} 0.694 & 0.525 & 0.351 \\ 0.233 & 0.282 & 0.298 \\ 0.073 & 0.193 & 0.351 \end{bmatrix} \begin{bmatrix} 0.637 \\ 0.258 \\ 0.105 \end{bmatrix}$$

$$= \begin{bmatrix} 0.614 \\ 0.253 \\ 0.105 \end{bmatrix}$$

となり，選手 > スタッフ > フロントの選好順序となる．

4.6 サービスサイエンスと外部従属法

本節では，レベル間（評価項目と代替案の間）が従属な場合である**外部従属法**によるAHP手法について紹介する．

◆

某国の大統領が，隣国との紛争について相談に来た．というのは，この国は，ある地下資源の利権について，隣国と長い間，争っていたからである．そこで，この国で国防会議が行われ，戦争するかしないかの重大な意思決定を検討した．いわゆる危機管理のための会議である．しかし，会議は強硬派と妥協派に分かれ，決着がつかなかったのである．

そこで，この分析をAHP手法により行うことにした．ところで，このような紛争における意思決定の評価項目としては，「国の威信」，「国際世論」，「経済問題」が考えられる．また，代替案は，戦争に対して「GO」，「STOP」，「WAIT」が考えられる．ところが，よく考えてみると，これら3つの評価項目の重みは，3代替案に共通したものではなく（従来のAHP手法では，評価項目の重みは，すべての代替案に共通であった），「GO」，「STOP」，「WAIT」をそれぞれ選択する際，異なってくることがわかった．そこで，**外部従属法**によるAHP手法を駆使することにした．この手法は，異なるレベル間の各項目に従属性があるとき，その関係を同時に表現する超行列（スーパーマトリックス）を用いて分析するもので，**外部従属法**（異なるレベル間の従属性ゆえ外部という言葉を使っている）と呼ばれている．

以下，本稿の例を**外部従属法**により分析する．

(1) 第1段階

紛争解決に関する階層構造を図**4.9**に示す．

まず，レベル1に総合目的を，そしてレベル2に3つの評価項目を，最後のレベル3に3代替案をそれぞれ置く．

次に，紛争解決に関する3つの評価項目に関して一対比較を行う．ところで前述したように従来のAHP手法では，この一対比較は，1つの行列で表現できた（各代替案に共通であったから）．しかし，この例では，3代替案によって異なる．したがって，各代替案に関する3つの評価項目の一対比較を行った．そ

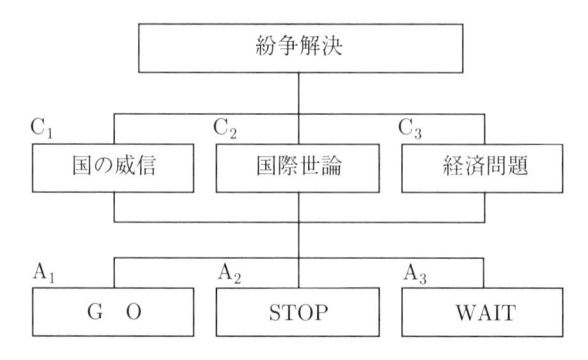

図4.9 外部従属性を考慮した階層構造

表4.21 各代替案から見た各評価基準の一対比較

A_1	C_1	C_2	C_3
C_1	1	3	4
C_2	1/3	1	1
C_3	1/4	1	1

A_2	C_1	C_2	C_3
C_1	1	1	1/2
C_2	1	1	1/2
C_3	2	2	1

A_3	C_1	C_2	C_3
C_1	1	2	1
C_2	1/2	1	1/2
C_3	1	2	1

の結果は，表 **4.21** に示すとおりである．この結果，「GO」を選択するときの評価項目の重み $\boldsymbol{W}_1$ は，

$$\boldsymbol{W}_1^{\mathrm{T}} = [0.634,\ 0.192,\ 0.174]$$

であり，以下「STOP」，「WAIT」を選択するときの評価項目の重み $\boldsymbol{W}_2, \boldsymbol{W}_3$ は，それぞれ，

$$\boldsymbol{W}_2^{\mathrm{T}} = [0.250,\ 0.250,\ 0.500]$$
$$\boldsymbol{W}_3^{\mathrm{T}} = [0.400,\ 0.200,\ 0.400]$$

となった．これにより，「GO」を選択するときは，「国の威信」(63.4%)を重点に置き，「STOP」を選択するときは，「経済問題」(50%)を重点に置き，「WAIT」を選択するときは，「国の威信」と「経済問題」(40%)に重点を置くことがわかった．

(2) 第2段階

次に，各評価項目に関して，3代替案の一対比較を行う．これは従来の AHP

表 4.22 各評価基準から見た各代替案の一対比較

C_1	A_1	A_2	A_3	C_2	A_1	A_2	A_3	C_3	A_1	A_2	A_3
A_1	1	5	3	A_1	1	5	2	A_1	1	1/5	1/3
A_2	1/5	1	1/3	A_2	1/5	1	1/3	A_2	5	1	3
A_3	1/3	3	1	A_3	1/2	3	1	A_3	3	1/3	1

手法と同じである．この結果は**表 4.22** に示したとおりである．これら 3 つの行列の固有ベクトルを計算すると，以下のようになる．まず，「国の威信」に関する 3 代替案の評価基準の重み W_4 は，

$$W_4^T = [0.637,\ 0.105,\ 0.258]$$

であり，「国際世論」，「経済問題」に関する 3 代替案の評価基準の重み W_5, W_6 は，それぞれ，

$$W_5^T = [0.582,\ 0.109,\ 0.309]$$
$$W_6^T = [0.105,\ 0.637,\ 0.258]$$

となる．

(3) 第 3 段階

レベル 2, 3 の項目間の重み付けが計算されると，この結果より階層全体の重み（総合評価 E）が計算できる．まず，レベル 2 の各評価項目間の重みは 3 種類あるが，代替案「STOP」（A_2）に関する重みを共通の尺度と仮定すると，E は次のようになる：

$$
\begin{aligned}
E &= [W_4,\ W_5,\ W_6]W_2 \\
&= \begin{matrix} A_1 \\ A_2 \\ A_3 \end{matrix} \begin{bmatrix} 0.637 & 0.582 & 0.105 \\ 0.105 & 0.109 & 0.637 \\ 0.258 & 0.309 & 0.258 \end{bmatrix} \begin{bmatrix} 0.250 \\ 0.250 \\ 0.500 \end{bmatrix} \\
&= \begin{matrix} A_1 \\ A_2 \\ A_3 \end{matrix} \begin{bmatrix} 0.357 \\ 0.372 \\ 0.271 \end{bmatrix}
\end{aligned}
$$

この結果，この仮定の下では A_2 (STOP) が最適な意思決定となる．この計算を超行列を用いて実行することにする．超行列は，評価項目と代替案の関係を1つの行列（超行列）で表現するもので，上式の場合以下のようになる：

$$W = \begin{array}{c} C_1 \\ C_2 \\ C_3 \\ A_1 \\ A_2 \\ A_3 \end{array} \begin{bmatrix} 0 & 0 & 0 & 0.25 & 0.25 & 0.25 \\ 0 & 0 & 0 & 0.25 & 0.25 & 0.25 \\ 0 & 0 & 0 & 0.5 & 0.5 & 0.25 \\ 0.637 & 0.582 & 0.105 & 0 & 0 & 0 \\ 0.105 & 0.109 & 0.637 & 0 & 0 & 0 \\ 0.258 & 0.309 & 0.258 & 0 & 0 & 0 \end{bmatrix}$$

W は，マルコフ連鎖になっているので，この極限確率である W^∞ を求めると以下に示すような結果となる：

$$W^\infty = \begin{array}{c} C_1 \\ C_2 \\ C_3 \\ A_1 \\ A_2 \\ A_3 \end{array} \begin{bmatrix} 0 & 0 & 0 & 0.25 & 0.25 & 0.25 \\ 0 & 0 & 0 & 0.25 & 0.25 & 0.25 \\ 0 & 0 & 0 & 0.5 & 0.5 & 0.25 \\ 0.357 & 0.357 & 0.357 & 0 & 0 & 0 \\ 0.372 & 0.372 & 0.372 & 0 & 0 & 0 \\ 0.271 & 0.271 & 0.271 & 0 & 0 & 0 \end{bmatrix}$$

次に，3代替案ごとの評価項目間のウエイトを考慮すると，超行列は以下のようになる（外部従属法による計算）：

$$W = \begin{array}{c} C_1 \\ C_2 \\ C_3 \\ A_1 \\ A_2 \\ A_3 \end{array} \begin{bmatrix} 0 & 0 & 0 & 0.634 & 0.25 & 0.4 \\ 0 & 0 & 0 & 0.192 & 0.25 & 0.2 \\ 0 & 0 & 0 & 0.174 & 0.5 & 0.4 \\ 0.637 & 0.582 & 0.105 & 0 & 0 & 0 \\ 0.105 & 0.109 & 0.637 & 0 & 0 & 0 \\ 0.258 & 0.309 & 0.258 & 0 & 0 & 0 \end{bmatrix}$$

したがって，W^∞ を求めると，

$$W^\infty = \begin{matrix} C_1 \\ C_2 \\ C_3 \\ A_1 \\ A_2 \\ A_3 \end{matrix} \begin{bmatrix} 0 & 0 & 0 & 0.464 & 0.464 & 0.464 \\ 0 & 0 & 0 & 0.210 & 0.210 & 0.210 \\ 0 & 0 & 0 & 0.326 & 0.326 & 0.326 \\ 0.452 & 0.452 & 0.452 & 0 & 0 & 0 \\ 0.279 & 0.279 & 0.279 & 0 & 0 & 0 \\ 0.269 & 0.269 & 0.269 & 0 & 0 & 0 \end{bmatrix}$$

となる．この結果，総合評価は，$A_1(0.452) > A_2(0.279) > A_3(0.269)$ となり，A_1（GO）がこの国の意思決定となる．ある代替案に関する重みを共通の尺度とする場合と結果が異なるのは当然である．この例では，隣国と戦うことが最適な危機管理と言える．ただし，評価項目間の重みは，「国の威信」(0.464)，「国際世論」(0.210)，「経済問題」(0.326) に収束することがわかる．

4.7 サービスサイエンスと絶対評価法

本節では，**絶対評価法**による AHP 手法について紹介する．

◆

某国の「エンペラー」が死亡した．南洋の小さな島にあるこの国は，建国して二十数年しか経っていないが，経済発展がいちじるしく近隣諸国の羨望の的であった．建国の祖であるこのエンペラーは，この国の発展の礎になったとして国民から尊敬されていた．そこで，葬儀は国をあげて行われるが，国内外の過激派グループによるテロが心配される．予想されるのは，A，B，C，D，E，F の 6 つであるが，どのグループをもっとも警戒すべきか，その優先順位を決めたいのである．いわゆる危機管理サービスのための優先順位の決定である．

そこで，この問題を，**絶対評価法**による AHP 手法により分析する．**絶対評価法**とは，代替案の数が多すぎて，各評価項目に関する各代替案の一対比較が不可能な場合や整合性が悪くなる場合に用いられる．また，この手法を用いれば，新しい代替案を追加しても，各代替案の一対比較をもう一度やり直す必要がない．すなわち，この方法は各評価項目の一対比較だけが必要で，各評価項目に関する各代替案の一対比較は必要でない．以下，本稿の例を**絶対評価法**により分析する．

154　第 4 章　AHP によるサービスの価値計測例

```
                    警戒の優先順位
    ┌──────┬──────┬──────┬──────┐
  規 模   機動性   計画性   資金力   武 器
    └──┬───┴──┬───┴──┬───┴──┬───┘
   ┌────┬────┬────┬────┬────┬────┐
   A    B    C    D    E    F
```

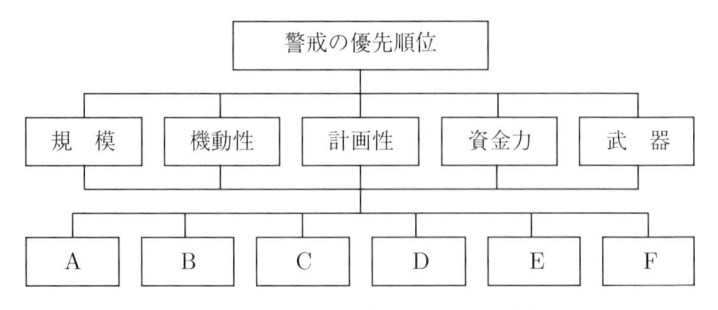

図 4.10　絶対評価法における階層構造

表 4.23　各評価基準間の一対比較

	規模	機動性	計画性	資金力	武器	ウエイト
規模	1	5	5	9	2	0.504
機動性	1/5	1	2	2	2	0.171
計画性	1/5	1/2	1	3	1/3	0.096
資金力	1/9	1/2	1/3	1	1/2	0.059
武器	1/2	1/2	3	2	1	0.170

(1) 第 1 段階

この問題に関する階層構造を**図 4.10** に示す．ただし，評価基準は，組織の「規模」，「機動性」，「計画性」，「資金力」，「武器」とする．

次に，この問題に関する 5 つの評価基準の一対比較を行う．その結果と重み（固有ベクトル）は**表 4.23** に示したとおりである．

この表に示した一対比較行列の最大固有値は，$\lambda_{\max} = 5.380$ である．ゆえに整合性の評価 C.I. $= 0.095$ であり有効性があると言える．

(2) 第 2 段階

従来の方法では，次に，各評価基準に関して各代替案の一対比較を行った．しかし，**絶対評価法**では，各評価基準に関して絶対的評価水準を設定する．ただし，個々の評価基準によって評価水準が異なってもよい．たとえば，この例の場合，**表 4.24** のように仮定した．そして各代替案（6 つのグループ）の評価を，5 つの評価基準ごとに**表 4.24** に示した評価水準に従って行った．その結果を**表 4.25** に示す．

表 4.24 評価水準

規模	機動性	計画性	資金力	武器
とても大きい	良い	良い	とても良い	最高に良い
大きい	普通	普通	良い	とても良い
普通	悪い	悪い	普通	良い
小さい			悪い	普通
				悪い

表 4.25 各グループの評価

	規模	機動性	計画性	資金力	武器
A	とても大きい	良い	普通	悪い	良い
B	大きい	悪い	普通	悪い	良い
C	小さい	良い	良い	良い	悪い
D	大きい	良い	普通	普通	良い
E	大きい	良い	普通	普通	普通
F	普通	普通	悪い	普通	最高に良い

次に，各評価基準に関して，どの程度良いのか，悪いのかを定量的に計算する．そのために，5つの評価基準ごとに評価水準の一対比較を行う．その結果を**表 4.26**に示す．たとえば，機動性に関して，「良い」は「普通」に比べてやや良い (3) という意味である．また，**表 4.26**に示した5つの行列のそれぞれの最大固有値 $\lambda_{\max}$ と整合性の評価 C.I. は各行列の下に示したとおりである．さらに，これら5つの行列の最大固有値に対する正規化した固有ベクトルはそれぞれ次のようになる：

(Ⅰ) 規　模　$W_1 = [0.513, 0.275, 0.138, 0.074]$
(Ⅱ) 機動性　$W_2 = [0.648, 0.230, 0.122]$
(Ⅲ) 計画性　$W_3 = [0.582, 0.309, 0.109]$
(Ⅳ) 資金力　$W_4 = [0.527, 0.300, 0.110, 0.063]$
(Ⅴ) 武　器　$W_5 = [0.471, 0.268, 0.142, 0.075, 0.044]$

(3) 第3段階

以上により，レベル2の各評価基準間と，各評価基準に関する評価水準間の重み付けが計算された．この結果より，各代替案（6つのグループ）の総合評価値は次式より求めることができる：

表 4.26　評価水準間の一対比較

規模

	とても大きい	大きい	普通	小さい
とても大きい	1	2	4	6
大きい	1/2	1	2	4
普通	1/4	1/2	1	2
小さい	1/6	1/4	1/2	1

$\lambda_{\max} = 4.009$　C.I. $= 0.003$

機動性

	良い	普通	悪い
良い	1	3	5
普通	1/3	1	2
悪い	1/5	1/2	1

$\lambda_{\max} = 3.004$　C.I. $= 0.002$

計画性

	良い	普通	悪い
良い	1	2	5
普通	1/2	1	3
悪い	1/5	1/3	1

$\lambda_{\max} = 3.004$　C.I. $= 0.002$

資金力

	とても良い	良い	普通	悪い
とても良い	1	2	5	7
良い	1/2	1	3	5
普通	1/5	1/3	1	2
悪い	1/7	1/5	1/2	1

$\lambda_{\max} = 4.021$　C.I. $= 0.007$

武器

	最高に良い	とても良い	良い	普通	悪い
最高に良い	1	2	4	6	8
とても良い	1/2	1	2	4	6
良い	1/4	1/2	1	2	4
普通	1/6	1/4	1/2	1	2
悪い	1/8	1/6	1/4	1/2	1

$\lambda_{\max} = 5.044$　C.I. $= 0.011$

$$E = V \cdot W$$

ただし，V は各代替案における評価基準ごとの評価水準の重みを要素にした行列である．なお，この評価水準の重みは，各評価基準の評価水準の中で最大の重みで割ったものである．この例の場合は下の式のようになる．ただし，この行列の ij 要素は，i 番目の代替案（グループ）の j 番目の評価基準に関する評価値を j 番目の評価基準の最大評価値で割ったものである．

$$V = \begin{bmatrix} 0.513 & 0.648 & 0.309 & 0.063 & 0.142 \\ 0.513 & 0.648 & 0.582 & 0.527 & 0.471 \\ 0.275 & 0.122 & 0.309 & 0.063 & 0.142 \\ 0.513 & 0.648 & 0.582 & 0.527 & 0.471 \\ 0.074 & 0.648 & 0.582 & 0.300 & 0.044 \\ 0.513 & 0.648 & 0.582 & 0.527 & 0.471 \\ 0.275 & 0.648 & 0.309 & 0.110 & 0.142 \\ 0.513 & 0.648 & 0.582 & 0.527 & 0.471 \\ 0.275 & 0.648 & 0.309 & 0.110 & 0.075 \\ 0.513 & 0.648 & 0.582 & 0.527 & 0.471 \\ 0.138 & 0.230 & 0.109 & 0.110 & 0.471 \\ 0.513 & 0.648 & 0.582 & 0.527 & 0.471 \end{bmatrix}$$

たとえば，1 行 1 列は，グループ A の規模に関する評価値（とても大きい）0.513 を規模の最大評価値 0.513 で割っている．このようにすると，各評価基準で最大値を得た代替案の総合評価値は 1.0 となる．

この結果，$E = V \cdot W$ は

[A, B, C, D, E, F] = [0.785, 0.411, 0.356, 0.556, 0.532, 0.396]

となる．ただし，W は各評価項目の重みである．すなわち，この一対比較に応えた意思決定者にとって，警戒しなければならない優先順位は，A > D > E > B > F > C となることがわかった．これが危機におけるサービス価値である．

4.8 サービスサイエンスと線形計画法

本節では，多目的線形計画法に AHP を組み合わせた手法について，事例を通して紹介する．

◆

　某国の大統領は，自国の経済について真剣に考えだした．というのは，このところ，この国の経済が不況におちいっているからである．ところで，以前この国は高度経済成長をとげ，国民の生活は豊かになった．土地は値上がり，株は高値をつけ，この国の通貨マネーも国際的信用を増していった．さらに，貿易収支の黒字が何年も続いた．いわゆるバブル経済であった．この時，国のトップも経済界も評論家もこのバブル経済が永久に続くものとばかり思っていた．国民全体が株を買い走り，不動産屋は土地を買いあさった．地上げ屋なる業種も出始め，「土地神話」という言葉もできた．さらに，マスコミ（テレビ，新聞，雑誌）は，この風潮に拍車をかけた．

　ところが，ある年の年末，株は最高値をつけたが，それ以来，暴落を始めた．そして土地神話も崩れ，土地の値段もじりじりと下がっていった．証券会社は営業不振におちいり，土地をかかえた不動産屋は倒産が相次いだ．その結果，金融界は動揺し始め，銀行の不祥事も起こった．これらの影響は経済全体に打撃を与え，不況へと突入していった．いわゆるバブル経済の崩壊である．

　そこで，冒頭で述べたこの国の大統領は，経済体制を徹底的に合理化し，費用便益のシステム作りに乗り出した．その結果，この思想は国家経済だけにとどまらず，一般の企業にまで浸透していった．

　さて，ここで取り上げる例は，このような状況下にあるこの国の，ある企業の経営分析というサービス管理問題である．

　ところで，この国のある企業は，おもにXとYという2つの製品に支えられていた．そこで手始めにこれら2つの製品に関する費用便益システムを作り，経営分析を試みるというのである．さて，製品Xは，1〔単位〕当たり4万マネーの利益をあげ，Yは1〔単位〕当たり3万マネーの利益をあげることができる．また，製品Xを1〔単位〕作るのに，材料A，B，Cはそれぞれ4〔kg〕，3〔kg〕，2〔kg〕必要である．一方，製品Yを1〔単位〕作るのに，材料A，B，Cはそれぞれ2〔kg〕，3〔kg〕，4〔kg〕必要である．ところで，材料A，B，Cはそれぞれ一定期間内に100〔kg〕，90〔kg〕，100〔kg〕しか入手できないものとする．

　さて，このような条件下で製品X，Yをそれぞれ何〔kg〕作れば，最も利益が高くなるのであろうか．

4.8 サービスサイエンスと線形計画法

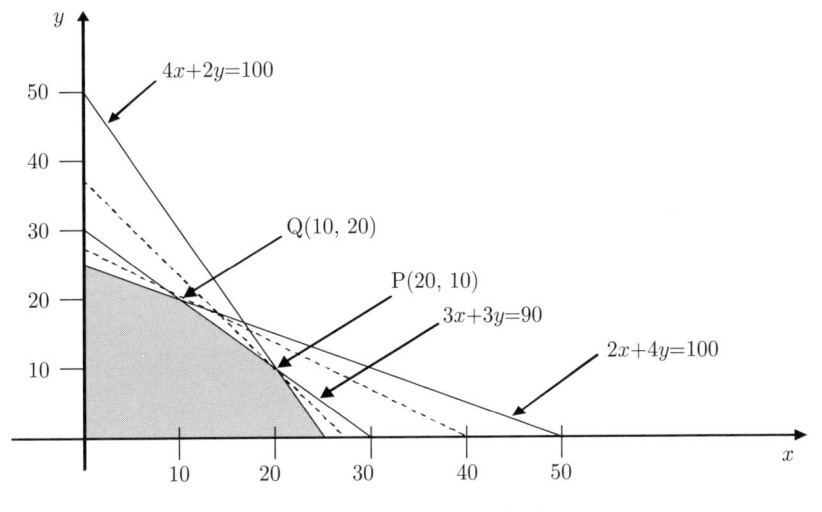

図 4.11 線形計画法の図解法

このような費用便益問題を解くためには，線形計画法を用いると便利である．そこで，製品 X，Y をそれぞれ x 〔単位〕，y 〔単位〕作ると利益 z は次のように表される．

$$z = 4x + 3y \tag{4.6}$$

そして，(4.6) 式を最大にするような x, y を求めるのである．ところが，材料 A，B，C には使用量に制限があり，製品 X，Y をそれぞれ x 〔単位〕，y 〔単位〕作るとき各材料の制約条件は，以下のようになる：

$$\left.\begin{array}{r}4x + 2y \leq 100 \\ 3x + 3y \leq 90 \\ 2x + 4y \leq 100 \\ x \geq 0,\ y \leq 0\end{array}\right\} \tag{4.7}$$

したがって，この問題を解くことは，(4.7) 式の制約条件の下で (4.6) 式を最大にする (x, y) を見つけることである．そして，これら制約条件を満足する点 (x, y) の存在範囲は，図 **4.11** の影の付いた部分に当たる．

さて，(4.6) 式 $z = 4x + 3y$ を考えると，この直線が図の影の付いた部分と共通点をもつ限りにおいて z が最大となるのは，この直線が 2 直線：

$$\left.\begin{array}{l}4x + 2y = 100 \\ 3x + 3y = 90\end{array}\right\}$$

の交点 P $(x = 20, y = 10)$ を通るときである．

したがって，最大の利益は，製品 X を 20〔単位〕，製品 Y を 10〔単位〕作るときであり，

$$z = \underset{\text{製品 X}}{80} + \underset{\text{製品 Y}}{30} = 110 〔万マネー〕$$

となる．これで，当初の問題は解決された．ところが将来の問題に目を転ずれば，製品 Y がこの企業にとっても重要であることがわかった．したがって，長い目で見ると不況経済下の中で生き残るためには，製品 Y の生産量 y を最大にする必要がでてきた．すなわち，当初の問題は総合利益最大が目的となり，「一目的線形計画問題」であった．ところが，この問題は目的が 2 つの「多目的線形計画問題」となる：

目的 1 ……………………… 総合利益最大
目的 2 ……………………… Y の生重量 y を最大

式で表せば，以下のようになる：

$$\left.\begin{array}{l}z_1 = 4x + 3y \to \max \\ z_2 = y \to \max\end{array}\right\} \tag{4.8}$$

このような多目的な問題は，各目的の重要度を決めれば，従来の手法と同じように解くことができるとわかっている．よって，この例における目的 1 と目的 2 の重要度を AHP を使って決めることにする．

そこで，この企業の意思決定者（経営者）に次のような質問をする：「総合利益の 1 万マネーの増加と，製品 Y の生産量 1〔単位〕の増加はどちらがどの位重要か．」

そして，その答は，「将来のことを考えて，総合利益 1 万マネーの増加よりも製品 Y の生産量の増加（1〔単位〕）のほうが 3 倍重要である」となった．したがって，z_1 と z_2 の一対比較は**表 4.27** のようになる．この結果，z_1 と z_2 の重みは 0.25 対 0.75 となる．

表 4.27　目的関数 z_1 と z_2 の一対比較

	z_1	z_2	重み
z_1	1	1/3	0.25
z_2	3	1	0.75

したがって，目的は 1 つにまとめられ以下のような式になる：

$$z = 0.25z_1 + 0.75z_2 = 0.25(4x + 3y) + 0.75y = x + 1.5y \to \max \quad (4.9)$$

このように，AHP 手法を使うことにより，多目的線形計画法を普通の線形計画法に直すことができる．すなわち，この問題を解くことは (4.7) 式の制約条件の下で (4.9) 式を最大にする $[x, y]$ を見つけることである．そこで，図 **4.11** において，(4.9) 式 $z = x + 1.5y$ を考えると，この直線が図の影の付いた部分と共通点をもつ限りにおいて，z が最大となるのは，この直線が 2 直線：

$$\left. \begin{array}{r} 2x + 4y = 100 \\ 3x + 3y = 90 \end{array} \right\}$$

の交点 Q $(x = 10, y = 20)$ を通るときである．

したがって 2 つの目的を同時に満足するには，製品 X を 10〔単位〕，Y を 20〔単位〕作るときであり，

$$z_1 = \underset{\text{製品 X}}{40} + \underset{\text{製品 Y}}{60} = 100 \text{〔万マネー〕}$$

となり，$z_2 = 20$〔単位〕となる．ただし，総合利益は 10 万マネー下がり，Y の生産量は倍になった．

4.9　サービスサイエンスと不完全 AHP

本節では，不完全一対比較行列による AHP 手法について紹介する．

◆

就職時になると，よく学生が研究室に就職の相談に訪れる．そのとき，本人がかなり深刻に悩んでいる場合もあり，一方，軽い気持ちで意見を聞きにくる場合もある．いずれの場合においても困るのは，企業選定の内容を頭の中で整

```
                    ┌─────────────────────┐
                    │  就職における企業選定  │
                    └─────────────────────┘
         ┌──────────┬───────┴────┬──────────┐
      ┌──┴──┐    ┌──┴──┐      ┌──┴──┐    ┌──┴──┐
      │規模 │    │将来性│      │給料 │    │場所 │
      └─────┘    └─────┘      └─────┘    └─────┘
              ┌──────────┬───────┴────┬──────────┐
           ┌──┴──┐    ┌──┴──┐      ┌──┴──┐
           │A社  │    │B社  │      │C社  │
           └─────┘    └─────┘      └─────┘
```

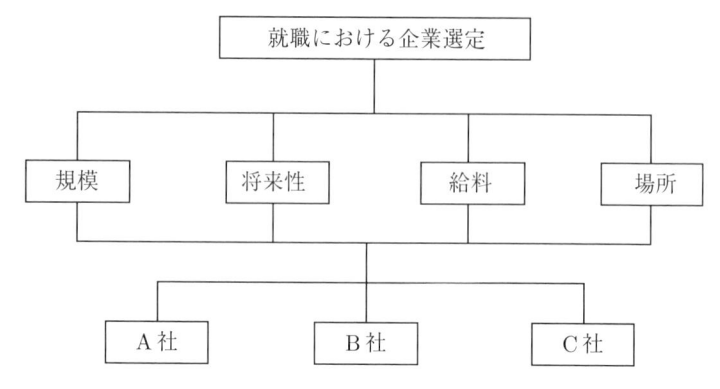

図 4.12　就職における企業選定に関する階層構造

理していない学生に対処するときである．何が原因で悩んでいるかがつかみきれないときは，問題は解決されない．

そこで，この問題を AHP 手法により分析することにする．このような問題は学生にとって重要な意思決定（学生サービス）となるからである．

(1) 第1段階

まず，企業を選定する際の選定要因を把握する必要がある．ここでは次の4つの要因を取り上げる．企業の規模とその将来性，在職期間中の給与体系，勤務地となる．これは，今まで就職の相談を受けてきた経験から割りだしたものである．そこで，この問題を図 **4.12** に示すような階層構造に分解する．階層の最上層は総合目的である企業選定を，レベル2は4つの選定要因を，最下層には3つの代替案をそれぞれ置く．

(2) 第2段階

図 **4.12** に示した意思決定を行うとき，まずレベル2とレベル3の各要因間の一対比較に応えなければならない．そこで，まずレベル2の各要因間の一対比較を行い，その結果は表 **4.28** に示すとおりである．ところが，この表を見てわかるように，一対比較の要因の値すべてに応えられないこともある．このような不完全な逆数行列にも固有値法が適用できる方法がある．

この例のように，要因が4つの不完全一対比較行列において，推定したい

4.9 サービスサイエンスと不完全AHP

表 4.28 不完全一対比較表

	規 模	将来性	給 料	場 所
規 模	1	?	1	?
将来性	?	1	5	3
給 料	1	1/5	1	?
場 所	?	1/3	?	1

重みを $\boldsymbol{W} = [w_1, w_2, w_3, w_4]$ とする．ところで，要因間の一対比較において，$a_{13} = 1, a_{23} = 5, a_{24} = 3$ の値だけが得られたとする．このとき，対角要素を1にして，逆数関係 $a_{ji} = 1/a_{ij}$ を仮定すれば，次に示す不完全一対比較行列 $\boldsymbol{P}$ が得られる：

$$\boldsymbol{P} = \begin{bmatrix} 1 & \square & 1 & \square \\ \square & 1 & 5 & 3 \\ 1 & 1/5 & 1 & \square \\ \square & 1/3 & \square & 1 \end{bmatrix} \tag{4.10}$$

ただし，□の要素は，わからない箇所を表している．

次に，$a_{ij} = w_i/w_j$ であるから，□の箇所を w_i/w_j で埋めると，形式的に固有値問題は

$$\begin{bmatrix} 1 & w_1/w_2 & 1 & w_1/w_4 \\ w_2/w_1 & 1 & 5 & 3 \\ 1 & 1/5 & 1 & w_3/w_4 \\ w_4/w_1 & 1/3 & w_4/w_3 & 1 \end{bmatrix} \begin{bmatrix} w_1 \\ w_2 \\ w_3 \\ w_4 \end{bmatrix} = \lambda \begin{bmatrix} w_1 \\ w_2 \\ w_3 \\ w_4 \end{bmatrix} \tag{4.11}$$

と書ける．これより，

$$\begin{array}{rcl} 3w_1 \phantom{{}+2w_2} \phantom{{}+5w_3} + w_3 \phantom{{}+3w_4} & = & \lambda w_1 \\ \phantom{3w_1 +{}} 2w_2 + 5w_3 + 3w_4 & = & \lambda w_2 \\ w_1 + 1/5 w_2 + 2w_3 \phantom{{}+3w_4} & = & \lambda w_3 \\ \phantom{w_1 +{}} 1/3 w_2 \phantom{{}+2w_3} + 3w_4 & = & \lambda w_4 \end{array} \tag{4.12}$$

が得られる．そして，(4.12)式を行列表現すれば，

$$\begin{bmatrix} 3 & 0 & 1 & 0 \\ 0 & 2 & 5 & 3 \\ 1 & 1/5 & 2 & 0 \\ 0 & 1/3 & 0 & 3 \end{bmatrix} \begin{bmatrix} w_1 \\ w_2 \\ w_3 \\ w_4 \end{bmatrix} = \lambda \begin{bmatrix} w_1 \\ w_2 \\ w_3 \\ w_4 \end{bmatrix} \tag{4.13}$$

となる.(4.10) 式のような不完全逆数行列の重みは,(4.13) 式に示すような固有値問題を解けば得られることがわかる.そして,(4.13) 式に示す係数行列は,□の要素を0で置き換え,しかも,その第 i 対角要素が $\boldsymbol{A}$ の i 行にある□の個数に1を加えたものであるような行列である.

この手法により,w の推定値 $\tilde{w}$ を求めることができる.そして,(4.13) 式に示した固有値問題はベキ乗法で近似的に,

$$\tilde{\lambda}_{\max} = 4.0$$
$$\tilde{w} = [0.130,\ 0.568,\ 0.124,\ 0.178]$$

と求めることができる.

次に,レベル3における各代替案間の一対比較を,レベル2を評価基準にして行う.つまり,4つの選定要因について各代替案の重要性を一対比較するのである.その結果は,**表 4.29** に示すとおりとする.さて,これら4つの一対比較行列のそれぞれの最大固有値 $\lambda_{\max}$ と整合性の評価 C.I. は各行列の下に示したとおりである.また,これら4つの最大固有値に対する正規化した固有ベクトルはそれぞれ次のようになる(ただし,規模に関する評価ベクトルはすべて近似値である):

$$規模 \cdots \tilde{w}_1^{\mathrm{T}} = [0.105,\ 0.637,\ 0.258]$$
$$将来性 \cdots w_2^{\mathrm{T}} = [0.649,\ 0.072,\ 0.279]$$
$$給料 \cdots w_3^{\mathrm{T}} = [0.098,\ 0.187,\ 0.715]$$
$$場所 \cdots w_4^{\mathrm{T}} = [0.2,\ 0.2,\ 0.6]$$

たとえば,規模に関してはB社が,将来性に関してはA社が,最も魅力度(重要度)が高いと言える(それぞれの効用値に応じて).

(3) 第3段階

レベル2,3の要因間の重み付けが計算されると,この結果より階層全体の重

4.9 サービスサイエンスと不完全 AHP

表 4.29 各代替案間の不完全一対比較

規模		A	B	C
	A	1	1/5	?
	B	5	1	3
	C	?	1/3	1

$\tilde{\lambda}_{\max} = 3.04$ $\widetilde{\text{C.I.}} = 0.1$

将来性		A	B	C
	A	1	7	3
	B	1/7	1	1/5
	C	1/3	5	1

$\lambda_{\max} = 3.065$ C.I. $= 0.032$

給料		A	B	C
	A	1	1/2	1/7
	B	2	1	1/4
	C	7	4	1

$\lambda_{\max} = 3.002$ C.I. $= 0.01$

場所		A	B	C
	A	1	1	1/3
	B	1	1	1/3
	C	3	3	1

$\lambda_{\max} = 3.0$ C.I. $= 0$

み付けを行う．すなわち，総合目的（企業の選定）に対する各代替案の定量的な選定基準を作る．代替案の選定基準の重みを $\boldsymbol{X}$ とすると，

$$\boldsymbol{X} = [\tilde{\boldsymbol{W}}_1, \boldsymbol{W}_2, \boldsymbol{W}_3, \boldsymbol{W}_4]\tilde{\boldsymbol{W}}$$

となる．この場合，次のようになる：

$$\boldsymbol{X} = \begin{array}{c} \text{A} \\ \text{B} \\ \text{C} \end{array} \begin{bmatrix} \overset{\text{規模}}{0.105} & \overset{\text{将来性}}{0.649} & \overset{\text{給料}}{0.098} & \overset{\text{場所}}{0.2} \\ 0.637 & 0.072 & 0.187 & 0.2 \\ 0.258 & 0.279 & 0.715 & 0.6 \end{bmatrix} \begin{bmatrix} 0.130 \\ 0.568 \\ 0.124 \\ 0.178 \end{bmatrix}$$

$$= \begin{array}{c} \text{A} \\ \text{B} \\ \text{C} \end{array} \begin{bmatrix} 0.430 \\ 0.183 \\ 0.387 \end{bmatrix}$$

したがって，**表 4.28**，**表 4.29** のような一対比較行列に応えた意思決定者の各企業に対する効用値（魅力度）は上式のようになり，A ＞ C ＞ B の選好順序となる．実際，この学生は B 社へ就職し，成功していることをつけ加えておく．このようにデータがない場合（サービス管理）にも AHP 手法は対応できるのである．

4.10 サービスサイエンスとANP

本節では，シリーズシステムやフィードバックシステムによるAHP手法について紹介する．ところで，このような手法をANPと呼んでいる．

◆

某国では，今，クーデターが起こっている．二十数年続いた独裁政権に反発した民衆が立ち上がったからである．一応，大統領選挙は行われたが，開票時に混乱が生じ，正確な票数が確認できなかった．そして，独裁政権を守っていた現大統領は失脚を余儀なくされた．代わって，民衆の代表とされる女性大統領が就任し，この国のクーデターは終止符を打った．

ところで，このとき，現大統領側は，失脚は仕方がないにせよ，しかるべき亡命先を選び，大統領一家を脱出させなければならなかった．いわゆる危機管理のための意思決定である．

そこで，この問題をAHP手法により分析することにしよう．

さて，亡命先は，諸般の情勢から，ヨーロッパのA_1国，アメリカのA_2州，オセアニアのA_3国が候補に挙げられた．一方，選択する評価基準としては，候補地との「親密性」（C_1），「機密性」（C_2），「安全性」（C_3）が考慮された．

そこで，以上のような前提のもとで，(1) シリーズシステム，(2) フィードバックシステムとして，それぞれ分析を加えるものである．

(1) シリーズシステム

シリーズシステムとは，図**4.13**に示されるような考え方である．まず，総合目的（ゴール）があり，ゴールから見た2つのシナリオ（S_1, S_2）の重みが決定される．次に2つのシナリオごとに，各評価基準（C_1, C_2, C_3）の重みが決定される．そして次に，各評価基準から見た各代替案の評価（重み）が決定される．そして，以上のプロセスを総合して各代替案の評価を行うものである．

このときゴールから見た2つのシナリオの重みをD，2つのシナリオごとの各評価基準の重みをE，各評価基準から見た各代替案の評価（重み）をFとすると，総合行列Wは次のように表せる：

4.10 サービスサイエンスと ANP

```
         Goal
          ↓
      S (S₁, S₂)
          ↓
    C (C₁, C₂, C₃)
          ↓
    A (A₁, A₂, A₃)
```

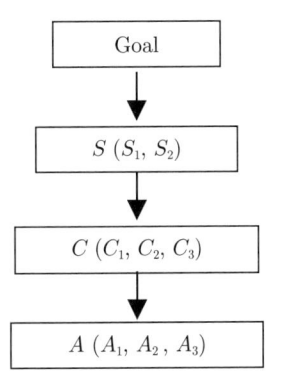

図 4.13 シリーズシステムのスケルトン

$$
\boldsymbol{W} = \begin{array}{c} \\ G \\ S \\ C \\ A \end{array} \begin{array}{c} \begin{array}{cccc} G & S & C & A \end{array} \\ \left[\begin{array}{cccc} 0 & 0 & 0 & 0 \\ D & 0 & 0 & 0 \\ 0 & E & 0 & 0 \\ 0 & 0 & F & 1 \end{array} \right] \end{array} \tag{4.14}
$$

そして，この行列 $\boldsymbol{W}$ の極限行列 $\boldsymbol{W}^\infty$ は，(4.15) 式のように収束することが証明されている．したがって，この極限行列 $\boldsymbol{W}^\infty$ の G 列に総合的な代替案 $A(A_1, A_2, A_3)$ の評価値（$D \times E \times F$ すなわち DEF）が示されている．

$$
\boldsymbol{W}^\infty = \begin{array}{c} \\ G \\ S \\ C \\ A \end{array} \begin{array}{c} \begin{array}{cccc} G & S & C & A \end{array} \\ \left[\begin{array}{cccc} 0 & 0 & 0 & 0 \\ 0 & 0 & 0 & 0 \\ 0 & 0 & 0 & 0 \\ DEF & EF & F & 1 \end{array} \right] \end{array} \tag{4.15}
$$

この例の場合，(4.15) 式は (4.16) 式のように計算される：

$$\boldsymbol{W} = \begin{array}{c} \\ G \\ S_1 \\ S_2 \\ C_1 \\ C_2 \\ C_3 \\ A_1 \\ A_2 \\ A_3 \end{array} \begin{array}{c} \begin{array}{ccccccccc} G & S_1 & S_2 & C_1 & C_2 & C_3 & A_1 & A_2 & A_3 \end{array} \\ \left[\begin{array}{ccccccccc} 0 & 0 & 0 & 0 & 0 & 0 & 0 & 0 & 0 \\ 0.7 & 0 & 0 & 0 & 0 & 0 & 0 & 0 & 0 \\ 0.3 & 0 & 0 & 0 & 0 & 0 & 0 & 0 & 0 \\ 0 & 0.2 & 0.3 & 0 & 0 & 0 & 0 & 0 & 0 \\ 0 & 0.3 & 0.3 & 0 & 0 & 0 & 0 & 0 & 0 \\ 0 & 0.5 & 0.4 & 0 & 0 & 0 & 0 & 0 & 0 \\ 0 & 0 & 0 & 0.4 & 0.2 & 0.7 & 1 & 0 & 0 \\ 0 & 0 & 0 & 0.2 & 0.2 & 0.2 & 0 & 1 & 0 \\ 0 & 0 & 0 & 0.4 & 0.6 & 0.1 & 0 & 0 & 1 \end{array} \right] \end{array} \quad (4.16)$$

したがって，$\boldsymbol{W}^\infty$ は (4.17) のようになる：

$$\boldsymbol{W}^\infty = \begin{array}{c} \\ G \\ S_1 \\ S_2 \\ C_1 \\ C_2 \\ C_3 \\ A_1 \\ A_2 \\ A_3 \end{array} \begin{array}{c} \begin{array}{ccccccccc} G & S_1 & S_2 & C_1 & C_2 & C_3 & A_1 & A_2 & A_3 \end{array} \\ \left[\begin{array}{ccccccccc} 0 & 0 & 0 & 0 & 0 & 0 & 0 & 0 & 0 \\ 0 & 0 & 0 & 0 & 0 & 0 & 0 & 0 & 0 \\ 0 & 0 & 0 & 0 & 0 & 0 & 0 & 0 & 0 \\ 0 & 0 & 0 & 0 & 0 & 0 & 0 & 0 & 0 \\ 0 & 0 & 0 & 0 & 0 & 0 & 0 & 0 & 0 \\ 0 & 0 & 0 & 0 & 0 & 0 & 0 & 0 & 0 \\ 0.481 & 0.490 & 0.460 & 0.4 & 0.2 & 0.7 & 1 & 0 & 0 \\ 0.200 & 0.200 & 0.200 & 0.2 & 0.2 & 0.2 & 0 & 1 & 0 \\ 0.319 & 0.310 & 0.340 & 0.4 & 0.5 & 0.1 & 0 & 0 & 1 \end{array} \right] \end{array} \quad (4.17)$$

したがって，総合評価は，A_1 (0.481) > A_3 (0.319) > A_2 (0.2) となり，ヨーロッパの A_1 国へ亡命するのがよい，ということになる．

(2) フィードバックシステム

フィードバックシステムとは，図 **4.14** に示されるような考え方である．まず，2 つのシナリオごとに，各評価基準の重み (P) が決定される．次に，各評価基準から見た各代替案の評価（重み）(Q) が決定される．そして，各代替案から見た 2 つのシナリオの重み (R) が決定される．このようにフィードバックシステムにおいては，重みの決定がループ状を描くことになる．以上のプロ

4.10 サービスサイエンスと ANP

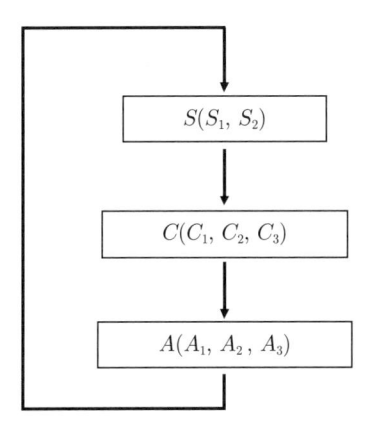

```
         ┌──────────────────┐
         ↓                  │
    ┌─────────────┐         │
    │  S(S₁, S₂)  │         │
    └─────────────┘         │
         ↓                  │
    ┌─────────────┐         │
    │ C(C₁,C₂,C₃) │         │
    └─────────────┘         │
         ↓                  │
    ┌─────────────┐         │
    │ A(A₁,A₂,A₃) │─────────┘
    └─────────────┘
```

図 4.14 フィードバックシステムのスケルトン

セスを総合して各代替案の評価を行うものである．

そこで，総合行列 V を次のように表す：

$$V = \begin{array}{c} \\ S \\ C \\ A \end{array} \begin{array}{c} \begin{array}{ccc} S & C & A \end{array} \\ \left[\begin{array}{ccc} 0 & 0 & R \\ P & 0 & 0 \\ 0 & Q & 0 \end{array} \right] \end{array} \tag{4.18}$$

そして，この行列 V の極限行列は，

$$\lim_{K \to \infty} V^{3K+1} = V^* \tag{4.19}$$

のように収束することがわかっている．したがって，この極限行列 V^*：

$$V^* = \begin{array}{c} \\ S \\ C \\ A \end{array} \begin{array}{c} \begin{array}{ccc} S & C & A \end{array} \\ \left[\begin{array}{ccc} 0 & 0 & R^* \\ P^* & 0 & 0 \\ 0 & Q^* & 0 \end{array} \right] \end{array} \tag{4.20}$$

の C 列に総合的な代替案 (A_1, A_2, A_3) の評価値が示されている (Q^*)．この例の場合，(4.18) 式は (4.21) 式のように計算されたとする：

$$
\boldsymbol{V} = \begin{array}{c} \\ S_1 \\ S_2 \\ C_1 \\ C_2 \\ C_3 \\ A_1 \\ A_2 \\ A_3 \end{array} \begin{array}{cccccccc} S_1 & S_2 & C_1 & C_2 & C_3 & A_1 & A_2 & A_3 \end{array} \\
\left[\begin{array}{cccccccc}
0 & 0 & 0 & 0 & 0 & 0.6 & 0.3 & 0.4 \\
0 & 0 & 0 & 0 & 0 & 0.4 & 0.7 & 0.6 \\
0.2 & 0.3 & 0 & 0 & 0 & 0 & 0 & 0 \\
0.3 & 0.3 & 0 & 0 & 0 & 0 & 0 & 0 \\
0.5 & 0.4 & 0 & 0 & 0 & 0 & 0 & 0 \\
0 & 0 & 0.4 & 0.2 & 0.7 & 0 & 0 & 0 \\
0 & 0 & 0.2 & 0.2 & 0.2 & 0 & 0 & 0 \\
0 & 0 & 0.4 & 0.6 & 0.1 & 0 & 0 & 0
\end{array}\right] \quad (4.21)
$$

したがって，(4.20) 式は (4.22) 式のようになる．すなわち，総合評価は，A_1 (0.4742) $>$ A_3 (0.3258) $>$ A_2 (0.2) となり，ヨーロッパの A_1 国へ亡命するのがよい，ということになる（シリーズシステムの結果と選好順序は同じである）．

なお (4.22) 式より，シナリオから見た各評価基準 (C_1, C_2, C_3) の重みは (0.2525, 0.3, 0.4475) に，代替案から見た各シナリオ (S_1, S_2) の重みは (0.4748, 0.5252) に収束することがわかる：

$$
\boldsymbol{W} = \begin{array}{c} \\ S_1 \\ S_2 \\ C_1 \\ C_2 \\ C_3 \\ A_1 \\ A_2 \\ A_3 \end{array} \left[\begin{array}{cccccccc}
0 & 0 & 0 & 0 & 0 & 0.4748 & 0.4748 & 0.4748 \\
0 & 0 & 0 & 0 & 0 & 0.5252 & 0.5252 & 0.5252 \\
0.2525 & 0.2525 & 0 & 0 & 0 & 0 & 0 & 0 \\
0.3 & 0.3 & 0 & 0 & 0 & 0 & 0 & 0 \\
0.4475 & 0.4475 & 0 & 0 & 0 & 0 & 0 & 0 \\
0 & 0 & 0.4742 & 0.4742 & 0.4742 & 0 & 0 & 0 \\
0 & 0 & 0.2 & 0.2 & 0.2 & 0 & 0 & 0 \\
0 & 0 & 0.3258 & 0.3258 & 0.3258 & 0 & 0 & 0
\end{array}\right]
$$
(4.22)

参 考 文 献

1. 亀岡秋男ほか：サービスサイエンス，エヌ・ティ・エス，2007年
2. 荒瀬克己：奇跡と呼ばれた学校，朝日新聞社出版局，2007年
3. 木下栄蔵：孫子の兵法の数学モデル，講談社，1998年
4. 木下栄蔵：よくわかるAHP―孫子の兵法の戦略モデル，オーム社，2006年
5. 木下栄蔵：わかりやすい意思決定論入門，近代科学社，1996年
6. 木下栄蔵：マネジメントサイエンス入門，近代科学社，1996年

索　引

あ行

アーミーサービス財	64, 72
ISM	29, 103
ICT 投資	50
IT 革命	10
IT サービス	47
IT 情報サービス	36
IBM	47
IBM アルマデン研究所	2, 50
IBM グローバルサービスシステム	50
荒瀬克己	43
アルマデン研究所	22
意思決定基準	28, 79
意思決定者の力関係	131
異質性	24
一目的線形計画問題	160
一対比較	120
一対比較行列	32, 122
イノベーション	2
医療サービス	36
医療福祉政策	91
インタンジブルな要因	126
ウィンドウズ・バージョン	22
受けとる力	45
AHP	12
AHP の世界	20
AHP 手法	119
ANP	166
SSME	2, 48
SSME University	50
同じくらい	125
おもてなし	51
おもてなしサービス	36
おもてなしの心	54
おもてなしの精神	52

か行

外交交渉	84
階層化のアプローチ	126
階層社会	22
外部従属法	149
加賀屋	35
学生サービス	162
加重平均	94
加速度	27
課題解決能力	46
課題設定能力	46
課題探求型の学習	44
価値測定手法	25
かなり	125
考える力	45
間接影響行列	111
間接的影響強度	112
完全自由競争	59
感度解析	126
幾何平均	124, 129
危機管理	153
危機管理サービス	153
記述的アプローチ	30
記述モデル	30
規制緩和	10
期待効用関数	86
期待効用値	88
規範的アプローチ	30
規範モデル	30
決まるモデル	30
決めるモデル	30

教育サービス	36	サービス価値	157
教育サービスの例	43	サービス価値計測手法	25
教育サミット	48	サービス管理	165
行政サービス	36	サービス財	57
行政担当者	91	サービスサイエンス	1, 22, 50
行政評価	91	サービスサイエンス社会	12
京都市立堀川高校	35, 43	サービスの価値計測	119
距離	27	財政出動	20
寄与率	94	最大固有値	123
極めて	126	最適化問題	28, 97
金融サービス	36	最適性の原理	99
		定めるモデル	30
クープマン	73	算術平均	129
クープマンの法則	73		
クライシスマネジメント	108	C.I. 値	123
暮しの安全性向上	41	時間の管理	45
グループの意志決定	127	思考シミュレーション	78
クロスサポート行列	115	資産	27
クロネコヤマトの宅急便	54	システムアプローチ	119
		資本主義の精神	16, 20
経済学	27	資本主義の論理	59
経済活性化政策	91	弱者ゲーム	60
ゲーム理論	12, 28, 57	囚人のジレンマ	60
ゲーム理論の世界	20	従属関係	141
元気 118 通り商店会	42	従属関係の行列	141
		集団 AHP	129
合意形成パターンⅠ	14	住民基本台帳ネットワークシステム	37
合意形成パターンⅡ	14	重要性の尺度と定義	121
合成の誤謬	20	従来型資本主義	22
交通サービス	36	主観確率	86
効用	86	主観的判断	126
効用関数	28, 84	首尾一貫性	126
合理的意思決定	10	消滅性	24
固有値法	162	所得	27
固有値問題	123	シリーズシステム	166
固有ベクトル	123	ジレンマ	12
コンサルティングビジネス	50	新資本主義	22
コンピュータサイエンス	22, 50		
コンフリクト	12, 39, 64	数学	27
コンフリクト−ジレンマ解消	12	スーパーマトリックス	149
		ストックサービス	26, 27, 54
さ行			
サイエンス	27	生活支援サービス	36
サービスイノベーションワークショップ	48	生起確率	81
		整合性	127

		な行	
整合性の尺度	123		
成長率	27	内部従属法	139
絶対的評価基準	154		
絶対評価法	153	ニーチェ	22
全影響強度	112	日常的サービス	27
全影響行列	111	日本アイ・ビー・エム	35
線形計画法	28, 89, 157		
線形計画法主問題	91	ネットワーク社会	21, 22
線形計画法双対問題	93	根本良一	37
戦略	10		
戦略的意思決定	11, 29	は行	
相関グラフ	117		
総合評価	122	破産の定理	72
相対評価	91	バトルゲーム	28, 64, 68
速度	27	パラダイムシフト	51
		パルミザーノ・レポート	47
		判断する力	45
た行			
		非常に	126
代替案間が従属な場合	144	非日常的サービス	27
多段階決定問題	99	評価基準	120
多目的線形計画法	161	表現する力	45
多目的線形計画問題	160	費用/便益分析	134, 139
探求科	46	ビル・ゲイツ	22
探求基礎	46		
単純平均	94	ファジィ積分	28, 93
		ファジィ測度	95
知識習得型の学習	44	フィードバックシステム	166
地方分権	39	夫婦ゲーム	60
超行列	149, 152	フォン・ノイマン	22
直接影響行列	110	不完全一対比較行列	161, 162
直接的影響強度	110	不完全 AHP	161
DP	99	福島県矢祭町	35
定量的分析	126	物理学	27
デフレスパイラル	19	フルビッツの基準	80, 82
DEMATEL	29, 107	フロー	27
		フローサービス	26, 27, 54
同時性	24	フロー変化率	27
動的計画法	97	フロー変化率サービス	26, 27, 54
独立性	126		
トフラー	22	米国競争力評議会	47
		平成大不況期	13
		平成の大合併	37
		ベキ乗法	164

ベルマン	99	**や行**	
ホスピタリティー	51, 52	矢祭もったいない図書館	42
ホスピタリティーの心	54	ヤマト運輸	35
		やや	125
ま行			
マキシミンの基準	80, 81	UPS	54
町づくりにおける不変の基本理念	41	ゆとり教育	45
マックスウェーバー	16, 17	United Parcel Service	54
満足度	86		
		ら行	
見えない力	45	ラプラスの基準	80
ミニマックス基準	82	ランチェスター	73
ミニマックス基準	80	ランチェスター戦略モデル式	73
		ランチェスターの1次法則	75
無形性	24	ランチェスターの2次法則	79
ムダ使い	91	ランチェスターの法則	28, 72, 73
問題解決型合意形成モデル	12	リーダーゲーム	60
問題解決型の意思決定手法	119	リスク回避	86
問題解決型モデルの世界	20	利他主義	59
問題記述型現況分析モデル	12	隣人愛	60
問題記述型モデルの世界	20		
		レジャー	79

編著者紹介

木下栄蔵（きのした　えいぞう）
1975 年　京都大学大学院工学研究科修士課程修了
　　　　 阪神電鉄㈱
1980 年　神戸市立工業高等専門学校講師
1983 年　同校助教授
1989 年　工学博士（京都大学）
1991 年　米国ピッツバーグ大学大学院ビジネススクール客員研究員
1992 年　神戸市立工業高等専門学校教授
1994 年　名城大学学部新設準備室教授
1995 年　名城大学都市情報学部教授
2004 年　文部科学省科学技術政策研究所客員研究官（兼務；〜2007 年）
2005 年　名城大学都市情報学部長（兼務；〜2017 年）
　　　　 名城大学大学院都市情報学研究科長（兼務；〜2009 年，2013〜2017 年）
　　　　 現在に至る

主 要 著 書

『わかりやすい数学モデルによる 多変量解析入門』（近代科学社）
『だれでもわかる建築数学の基礎』（近代科学社）
『マネジメントサイエンス入門』（近代科学社）
『事例から学ぶサービスサイエンス』（近代科学社）
『問題の解決と発見のための経営戦略論』（近代科学社）
『経済学はなぜ間違え続けるのか』（徳間書店）　その他多数

事例から学ぶ サービスサイエンス
サービス価値計測手法―10 の実例―

© 2009 Eizo Kinoshita　　　　　Printed in Japan

2009 年 2 月 28 日　　初 版 発 行
2017 年 3 月 31 日　　初版第 3 刷発行

著　者　木　下　栄　蔵
発行者　小　山　　透
発行所　㈱ 近代科学社

〒162-0843　東京都新宿区市谷田町 2-7-15
電話 03-3260-6161　振替 00160-5-7525
http://www.kindaikagaku.co.jp

藤原印刷　　　　ISBN 978-4-7649-0364-7
　　　　　定価はカバーに表示してあります。